陆海统筹

全球化变局中的国际物流

谢雨蓉◎著

LAND AND MARINE IN COORDINATION

International Logistics under Radically Changed Globalization

中国市场出版社
China Market Press
·北京·

图书在版编目（CIP）数据

陆海统筹：全球化变局中的国际物流 / 谢雨蓉著．— 北京：中国市场出版社有限公司，2021.9

ISBN 978-7-5092-2095-5

Ⅰ. ①陆…　Ⅱ. ①谢…　Ⅲ. ①国际物流　Ⅳ. ①F259.1

中国版本图书馆CIP数据核字（2021）第146258号

陆海统筹——全球化变局中的国际物流

LUHAI TONGCHOU——QUANQIUHUA BIANJU ZHONG DE GUOJI WULIU

著　　者　谢雨蓉

责任编辑　许　慧　白　琼

出版发行　中国市场出版社 China Market Press

社　　址　北京西城区月坛北小街2号院3号楼　　邮政编码　100837

电　　话　编 辑 部（010）68012468　读者服务部（010）68022950

发 行 部（010）68021338　68020340　68053489

68024335　68033577　68033539

总 编 室（010）68020336

盗版举报（010）68020336

印　　刷　河北鑫兆源印刷有限公司

规　　格　145mm×210mm　32开本

印　　张　10.25　　字　　数　172千字

版　　次　2021年9月第1版　　印　　次　2021年9月第1次印刷

书　　号　ISBN 978-7-5092-2095-5　　定　　价　68.00元

序

谢雨蓉博士的专著《陆海统筹：全球化变局中的国际物流》的出版发行，既是作者在这一领域长期潜心研究的学术成果和结晶，也是与同领域的研究者、关注者们难得的知识分享。

经济全球化和国际物流，作为该书的两个核心关键词条，其词意本身就蕴含着丰富的寓意，而在当今名副其实的全球化时代，人们更是耳熟能详。就经济与物流而言，伴随着人类文明的进步与发展，两者之间的相互依存、相互影响、相互作用的关系始终是密不可分的。在经济全球化的今天，全球经济的发展更离不开与之相应的国际物流的支撑，且越发紧密，并如同滚雪球般全方位作用和相互依赖，驱使着人们对这一领域时空观念的不断改变。当下，我们生活在一个工业成熟且产成品丰富的时代，制造业高度发达，日常生活高度依赖制造业的产品，贸易交往、生产流通和社会经济发展等都使经济与物流之间的联系更加紧密。

如果说经济全球化是推动全球经济发展的引擎，那么国际物流对经济全球化的持续发展起着什么样的作用？新技术革命对国际物流运行方式的影响会走向何方？分析经济全球化的演进过程，考察国际贸易分工合作的发展阶段和产业分布的形成过程、产业链供应链价值链的不断创新，以及制造业生产场地与消费市场的连接方式和距离等，不难发现，科技进步作用下的国际物流，既是国际贸易的基础和必要条件，也是全球经济发展的重要支撑。

当下世界经济格局正发生着大的变革。受以下因素的冲击，经济全球化的运行机制和传统方式必将受到影响，与此相应的国际物流也必须作出调整。

一是新冠肺炎疫情的影响已由突发事件转化为常态化，对人类社会的生产生活方式造成了前所未有的冲击。在交通运输、旅游观光、餐饮娱乐及产业链供应链等生产生活活动中，风险防范意识已上升到前所未有的地位。

二是新技术的快速持续作用，使人工智能和机器人在自动化生产过程中发挥越来越高效的作用，使企业的组织形式和生产方式，以及生产地分布不断发生变化。

三是政治因素的干扰对既有经济全球化的冲击越来越

直接，包括制造业的空间分布、应对全球气候变化采取全球一致步骤的讨价还价，以及对人类日常活动的节能减排共识等，都充斥着激烈的政治色彩。

四是对既往经济全球化带来的一些现实问题的反思，对未来全球化的推进方式，各国都在本着各自利益最大化，不断适应、审慎推进。

上述这些变革对国际物流的发展，都是严峻的挑战。

在很大程度上，生产地点是生产方式决定的，而生产方式又是新技术作用下同一产品在不同国家生产的相对成本，当新技术的作用驱使制造业的自动化设备和多样化生产方式出现，制造业的地理分布和规模将随之改变。从市场经济的角度，规模经济的生产集中化和消费者市场的生产分散化，都是实现企业利益最大化的方式。如果新的技术要素和生产组织形式能使企业在贴近消费市场以较低成本进行小规模生产，那么生产地就会更加分散，也能产生良好的效应，这样既有国际物流网络就会发生大的改变。

经济全球化发展中碰到的这些现实问题，大都是非经济因素的问题，尤其是单边主义和严重的政治干扰等，都显现出新发展阶段经济全球化正面临着新的变化，利益分配格局在重塑之中。这些变化必然会影响到国际物流的发展环境，加之新冠肺炎疫情的常态化、新技术作用下生产方式的改变导致生产地分布的调整等，国际物流与经济全球化的相互依存关系势必要进行调整。

如何通过深刻认识经济全球化与国际物流间关系的新变化，使我国国际物流在新发展阶段适应变革，继续发挥我国企业的独特优势，《陆海统筹：全球化变局中的国际物流》一书从多维度进行了全新的探索，并对治理结构、空间格局、科学技术、规则体系等提出了独到的见解。

谢雨蓉博士长期以来一直在国家发展改革委宏观经济研究院从事宏观经济运行中的物流及交通运输政策、规划等研究。由于每个人的成长经历、从业领域和学术造诣不同，因而对研究问题的方式和视角亦不同。视角对一位研究人员而言，更具洞察力。尤其是对长期跟踪宏观经济问题某个领域的研究人员，更能以更广的视野从宏观切入，聚焦经济运行过程中某一领域更现实的具体问题进行分析研究。

谢雨蓉博士的专著《陆海统筹：全球化变局中的国际物流》正是用其所长，从其独特的视角和方式，在当今全球化的大背景下，从经济全球化演进过程和治理结构、空间格局、科学技术、规则体系等方面的作用维度，系统分析研究经济全球化与国际物流相互作用的关系。并就全球化面临调整变革的当下，中国如何就既有产业分工、贸易和利益格局等作出抉择，以及如何用好“一带一路”这一国际物流重要载体，打造全球化合作的新平台。本书研究内容涉及时间跨度之大、领域之广，对作者而言是一个极大的挑战，但作者较好地完成了“承前启后”的衔接和突出“相互影响与中国对策”这一重点，对于研究宏观视野下的某一领域的具体问题的科研院校研究人员颇具参考和借鉴价值，广大对此领域感兴趣的读者也值得一读。

王庆云

2021年3月于北京三里河

自 序

国际物流是经济全球化的载体与手段，经济全球化为国际物流提供了广阔发展空间与市场需求，二者相互影响，关系密不可分。经济全球化在推进过程中，参与主体、推进机制、表现形式等不断变化，与之相伴的是国际物流的空间拓展、方式变革与形态演化等。当前，经济全球化正面临新的调整变化，既有的产业分工、贸易方式、利益分配格局等都在重塑之中，必将引发国际物流的巨大变革。在全球化当前阶段，中国面临的国际形势已骤然改变，自身的地位与作用也在悄然变化。在此背景下，中国发出“一带一路”倡议，致力于打造全球化合作新平台。国际物流是“一带一路”倡议的重要载体，也受到这一全球化新模式的深刻影响。中国需要根据形势变化及经济全球化与国际物流相互影响关系，作出积极应对，调整国际物流发展策略，为“一带一路”倡议的实施提供有效手段，也为中国积极融入和主动推动经济全球化提供有力支撑。

本书聚焦经济全球化与国际物流的密切关系，从治理结构、空间格局、科学技术、规则体系四个维度，分析了二者在漫长历史进程中的相互影响，并由此推演提出新一轮全球化变局中国际物流的发展方向，以及中国以国际物流为载体，融入和推动全球化向纵深发展的对策。全书以大航海为经济全球化的起点，分三个发展阶段展开对国际物流与经济全球化的研究。第一阶段结束于第二次世界大战，经济全球化主要依靠暴力与资本推进，形成了根植于殖民地经济的国际生产贸易网络，两次工业革命推动了国际产业分工和地理大发现，这一阶段的全球化建立了资本推动、暴力维护的海洋运输体系，大航海将国际航线网络由地中海拓展至全球；第二阶段至WTO多哈回合谈判中止和2008年全球金融危机爆发，经济全球化建立了发达国家主导、以WTO为代表的多边贸易体系，第三次科技革命推动了垂直化、专门化国际分工，在全球形成欧洲、北美、东亚三大生产网络，在这一阶段的全球化中，跨国公司及其母国掌控着全球物流资源与市场，集装箱革命推动产业变革，国际物流中心伴随全球产业转移，在太平洋沿岸兴起；第三阶段的经济全球化仍在推进之中，随着新兴经济体崛起，全球化迈入多元共治与互利共赢时代，大规模的多边贸易合作转向以巨型自贸协定为代表的区域合作，国际物流格局加快调整，资源重配、市场重构、区域内需求快速增长、业态模式多元化发展将推动建立新的规则体系，也为后发国家参与规则制定创造了机遇。在完成对经济全球化与国际物流分阶段研究的基础上，本书进一步分析了“一带一路”倡议作为中国提出的经济全球化新范式对国际物流的影响，以及在新变局中，中国推进国际物流发展的应对策略。

前 言

人类跨越国界的交往与交换活动已有数千年历史，地理大发现将这一活动的范围拓展至全球，越来越多的国家主动或被动地参与到这些活动当中，信息的沟通、文化的交流、资本的流通、人员的交往，以及货物的流动将全世界紧密联系在一起，一个开放的经济全球化（简称全球化[1]）体系逐步形成。全球化下的国际贸易与跨国投资产生了不同国家和地区之间货物流动，即国际物流。国际物流是全球化的载体，也是全球化的催化剂与加速器，在全球化的历史进程中，受到许多因素影响，不断发展演变，与全球化相互支撑、相互促进。全球化的历史进程并非一条平滑曲线，而是始终处于变局之中，有波折，有迂回，甚

[1] 书中若无特别说明，使用“全球化”一词时均为“经济全球化”的简称，二者表达同一含义。

至有倒退。恰如本书在落笔之初，“逆全球化”浪潮已然涌起，而至本书付梓之时，COVID-19[1]疫情正全球肆虐，各国不断升级的隔离措施使“全球化终结论”甚嚣尘上。然而，无论是危机的传导还是病毒的扩散，实际上都说明了世界经济的开放性与各国之间的依存度。自大航海的风帆扬起，打开的全球化大门便不会轻易关闭，只会转换方式与节奏。也正是因为全球化在不断变换方式与节奏，与这一进程密切相关的国际物流更加成为一个值得探究的问题。

当前全球化正在进入新阶段，随着一些不确定性因素和新情况新变化的出现，国际物流也面临新的发展形势。中国在改革开放特别是加入WTO以来，一直是全球化重要参与者、贡献者，也是受益者、推动者，如何在新的历史时期，把握国际物流与全球化之间的发展规律，聚焦关键影响因素，一方面适应全球化发展趋势，加快国际物流格局调整，另一方面有针对性地加强国际物流体系建设，为全球化的投资、生产与消费提供更可靠、更经济、更高效、

[1] 2019年底，在中国武汉陆续发现多例不明原因肺炎病例，后被证实为新型冠状病毒感染引起的急性呼吸道传染病，简称“新冠肺炎”，2020年2月11日世界卫生组织将其正式命名为“2019新型冠状病毒肺炎”（Corona Virus Disease 2019，COVID-19）。

更便捷的物流支撑与保障，进而引领全球化变革，是当前中国经济发展和参与全球化竞争面临的紧迫问题。

中国提出“要以‘一带一路’建设为重点，形成陆海内外联动、东西双向互济的开放格局，要主动参与和推动经济全球化进程，发展更高层次的开放型经济，不断壮大经济实力和综合国力”。随着经济总量的增长、产业结构的调整和人民对美好生活需要的升级，中国对国际资源、产品、市场的需求日益增加，主动参与和推动经济全球化既是中国经济社会发展的内在要求，也是一个负责任的新兴大国积极提供全球公共产品、推进全世界共同繁荣发展的历史使命。从最开始被西方列强的坚船利炮打开大门被迫接受全球化，到把握机遇、自主开放、跟从适应全球化，再到全球化当前阶段的主动参与和积极推动，中国在全球化中所处的地位和扮演的角色正在发生深刻改变。胜任新的角色地位需要坚实的基础和有力的手段，国际物流承载着全球生产要素流动和国际商品流通，是全球化的载体，也是全球化的重要组成部分，在全球化的历史进程中，对国际经贸格局与世界经济运行方式均产生了深远影响，在全球化新阶段中也必将继续发挥重要作用。

为了有效发挥国际物流的载体与支撑作用，使中国在经济全球化当前阶段更好地承担大国责任和巩固国家利益，有必要对以往国际物流的发展进程进行系统性总结，梳理在不同的全球化阶段和国际治理体系下，国际物流的发展演化规律，尤其是国际物流格局与国际经贸格局、世界秩序规则、全球科技变革的内在联系与逻辑关系。本书将通过分析国际物流在全球化中受关键因素影响而形成的演变规律，研究中国在积极融入和主动推动全球化的过程中，如何从历史中总结经验，适应变革趋势，加快布局和完善国际物流体系，把握技术方向和健全规则标准，推动形成能够有效支撑对外贸易和产能合作的国际物流新格局，探寻维护国际产业链安全、供应链稳定的有效手段，为“一带一路”倡议提出的全球治理新构想提供基础保障，为中国应对当前复杂局面和不确定风险，在经济全球化新阶段积极主动作为、捍卫国家利益、扩大全球影响、巩固国际地位提供有力支撑。希望本书的研究结论和相关建议能够为国家战略决策提供参考，为相关领域开展深化研究奠定基础。

目　录

08 在全球化新变革中推进国际物流发展

LAND AND MARINE IN COORDINATION
International Logistics under
Radically Changed Globalization

01

认识经济全球化与国际物流

物流是随着人类生存空间扩张而不断拓展的生产性活动。在自给自足的小农经济时代，物流大多发生在本地，当人类跨越国界，在更大范围内生产生活、进行物质交换，物流活动也随之拓展至国家、地区之间，产生了国际物流，并成为国际产业分工与经贸合作必不可少的保障性要素。国际物流的发展经历了漫长的历史进程，从2000多年前开始，丝绸之路的驼队、威尼斯的商船、茶马古道的马帮和郑和下西洋的船队等原始国际物流形态便相继出现，并支撑起横贯欧亚大陆板块的国际贸易网络。15世纪末，地理大发现为人类打开了一个更广阔的经济活动空间，此后，欧洲工业革命极大地推动了科学技术发展、生产力水平提升和军事力量壮大，商品与资本在全球范围内加速流动，国际物流也因此得到快速发展与大范围延伸。随着全球化深入推进，不同国家和地区之间的经贸联系日益紧密，相互之间的比较优势、分工方式发生了深刻变化，国际物流作为国际商品贸易的载体也随之变化。回顾历史进程，从表面的空间形态到背后的推动力量，从架构的技术体系到遵循的“游戏规则”，国际物流受到经济全球化的深刻影响，也对全球化的深入发展发挥了重要作用，其中一些关键因素将二者紧密联系在一起，并随着全球化的推进不断发展变化，在改变全球化发展路径与表现形态的同时，也改变了国际物流的整体格局与运行方式。

经济全球化与国际物流密不可分

经济全球化在历史进程中改变国际物流格局

尽管人类跨越国界的经济活动可以上溯千年，但大多局限于毗邻区域范围内，而且以农产品、手工业品为主的商品交换难以形成规模化的要素自由流动与产业跨国分工，因此并不是真正意义上的全球化。当欧洲结束了黑暗的中世纪，开启大航海时代，文艺复兴与工业革命接踵而至，生产力得到空前发展，各国极力拓展全球市场和投资空间，经济全球化才真正拉开大幕，国际物流也进入了全球化轨道。

远洋航行在欧洲皇室与贵族的资助下，藉由强大的军事力量保护与先进的科技力量支撑，将工业革命的过剩产品从欧洲运往殖民地，再从殖民地运回各种原材料与农产品，国际物流伴随西方列强“势力范围”的扩张而扩张。

新兴大国与守成大国在利益瓜分中积累了重重矛盾，直至爆发战争，但全球化并未因此终止，而是在两次世界大战之后，构建了全新的国际秩序与治理结构，推动全球化继续向前发展。当殖民体系土崩瓦解，亚非拉各国在取得国家独立与民族解放斗争胜利后推动经济建设，发达国家在第三次科技革命中加快产业转移，国际物流在新的全球分工体系与国际贸易格局中重组，网络空间、参与主体乃至承载的货物都与大航海时代迥然不同。

旧的矛盾随着冷战阴霾的消散而逐步缓解，新的矛盾又开始出现。1997年亚洲金融危机与2008年全球金融危机使很多国家经济遭受沉重打击，世界经济步入下行周期，总量增长与利益分配、资本回报与劳动报酬、追求效率与维护公平的矛盾更加突出，多边主义和多边贸易体制遇到挑战，贸易保护主义升级，全球化裂痕不断加大。2020年初，COVID-19疫情席卷全球，各国为防控病毒扩散、提振本国经济、维护供应链安全而采取的一系列隔离与保护措施，使经济全球化发展势头进一步受到重创，而国际物流更是受到直接冲击，供给受阻，需求波动，市场陷入震荡。当后危机与后疫情时代到来，挫折之后的全球化必然为国际物流带来新的变化。

新兴经济体崛起重塑国际物流秩序

经济全球化从欧洲启程，并促成了美洲大陆的发现和一个现代化强国的建立。英美等西方国家率先完成工业化和产业结构升级，成为全球化的引领者与规则制定者，在国际治理体系中发挥着主导作用，也基于此在早期全球化中完成资本的原始积累，攫取了丰厚利润。这一时期的国际物流几乎全部构建在西方发达国家的军事、科技与经济综合实力之上，被动参与全球化的殖民地与发展中国家除了被迫“门户开放”之外，在国际物流体系中少有存在感，从掌控资源到制定规则，从占有市场到拓展网络，发达国家与发展中国家处于完全不对等的地位。

随着第二次世界大战后国际政治经济新秩序的建立，发展中国家开始主动参与全球化。特别是在第三次科技革命爆发以后，美国及欧洲发达国家加快产业结构调整，“亚洲四小龙”、中国等亚太国家和地区积极承接发达国家产业转移，发展出口导向型经济，利用全球市场实现了快速发展。进入新世纪，金砖国家（BRICS）[1]为代表的新兴经济

---

[1] 指巴西（Brazil）、俄罗斯（Russia）、印度（India）、中国（China）和南非（South Africa），其首字母组合 BRICS 与英语单词“砖”（brick）发音类似，因此被称为“金砖国家”。

体在积极融入全球化进程中迅速崛起，成为改变世界格局的一股新生力量。这股新生力量同样影响着国际物流的发展，新崛起的国际航运中心、跨国物流巨头与这些国家的关系越来越密切。由于新兴经济大国的崛起使全球化既有领导者实力相对削弱，而且既有领导者面对越来越复杂和难以掌控的国际局势早已力不从心，需要新兴国家参与全球治理以分担压力，但责任的增加必须以自身权利空间的同步壮大为前提，即新兴国家必须加入全球领导体系；与此同时，对于利益边界扩展至全球的新兴经济体及世界大国自身而言，维护世界秩序、推动和平发展同各自国家利益已紧密联系在一起，即承担国际责任同维护国家利益的一致性越来越强。随着新兴经济体在国际治理体系中地位不断提升，大国霸权下的经济全球化传统均势已经被打破，而根植于这一均势下的既有国际物流秩序也必然面临调整，新的参与方式与利益平衡机制亟待建立。

“一带一路”倡议推动国际物流变革

全球化是当代世界的重要特征之一，联合国贸发会议专题研究成果显示，80%的全球生产经营活动已被纳入基于全球价值链的国际生产服务体系，为世界经济增长提供了强劲动力，也为各国和各地区的发展进步做出了巨大贡献。自2008年国际金融危机以来，世界经济陷入低迷，国际贸易增长乏力，一些在全球化中推行“去工业化”的发达国家面临社会失业率攀升、贫富差距拉大等国内矛盾。为此，部分国家将自身曾经在全球化中获取的巨大利益置诸脑后，将全球出现的各种问题归咎于全球化，单边主义、孤立主义和贸易保护主义势力抬头，“逆全球化”声音日益高涨。与此同时，新兴经济体的崛起改变了世界格局，要求全球化惠及更广阔区域和更多国家，尤其是广大发展中国家和最不发达国家。

在这一背景下，中国作为新兴经济大国的代表，同时也是世界上最大的发展中国家，顺应形势提出“一带一路”倡议和共同构建人类命运共同体的全球治理新构想，发出“坚定不移引领经济全球化进程”的号召。“一带一路”坚持共商、共建、共享，以开放、包容的姿态欢迎各方参与，不构筑排他性的贸易保护圈，摒弃过去霸权主义和国与国之间的不平等关系，追求互利共赢、共同发展，为缓解全球格局中的对立与矛盾、优化变革国际治理体系、推动经济全球化深入发展发挥了积极作用。

“一带一路”倡议提出7年多来，得到世界上众多国家和国际组织的积极响应，“一带一路”建设内容被纳入联合国大会、联合国安理会重要决议，沿线国家和地区各领域合作不断加深。尤其是设施联通、贸易畅通等“五通”的推进，以及中欧班列、欧亚陆海新通道等物流大通道的开辟，极大改善了沿线物流基础设施条件，拓展了亚欧物流空间，繁荣了国际物流市场，也对物流发展提出了更多要求。“一带一路”沿线以发展中国家为主，在新兴经济体参与国际治理的全球化新阶段，国际物流是相关国家和地区融入全球化的纽带，在世界生产与消费格局演变中发展变化，正在呈现出新的发展模式与运行方式。

对经济全球化与国际物流的理论探讨

从国际分工与国际贸易理论视角的探讨

分工与贸易是经济学的重要基础理论，放大到世界范围内的国际分工与国际贸易是经济全球化的主要表现形态。亚当·斯密（Adam Smith）在《国富论》中第一次提出劳动分工的观点，指出分工是经济发展的源泉，并全面系统地阐述了分工对提高劳动生产率和增进国民财富的巨大作用，确立了分工理论在西方经济学中的重要地位。此后，以国家之间分工与贸易为主要研究对象的理论不断发展，张志英等（2013）将其划分为古典国际分工理论、现代国际分工理论和当代国际分工理论。古典国际分工理论以许多假定条件为前提，主要从优势、要素角度来阐述国际分工，代表性的理论包括斯密的自然分工论（国际地域分工论）、李嘉图（David Ricardo）的比较成本贸易理论（比较优势贸易理论）、穆勒（John Stuart Mill）的相互需求论、赫克歇尔（Eli F. Heckscher）与俄林（Bertil Ohlin）的要素赋理论等；现代国际分工理论不断修正前人假定，增加了更多影响因素，具有代表性的是弗农（Raymond Vernon）的产品生命周期理论、马歇尔（Alfred Marshall）和克鲁格曼的外部规模经济理论、波特（Michael E.Porter）的钻石理论、杨小凯的内生比较优势理论等；当代国际分工理论研究了产业间贸易和产业内贸易，聚焦水平型、垂直型国际分工，如弗洛布尔（Frobel）发表的著名论文《新的国际分工》（1978）、巴拉萨（Balassa）等提出“垂直专业化”概念等，但目前尚未形成成熟理论体系。

相比于上述理论，马克思的分工理论具有更加综合的视角，不仅强调国际分工的自然属性，同样也强调国际分工的社会属性，他认为一个国家的资本主义生产越发达，国民劳动强度和生产率就越超过国际水平，因此，不同国家在同一劳动时间内所生产的同种商品的不同量具有不同的国际价值，从而表现为不同的价格。根据马克思的观点，按照国际价值进行交换，发达国家可以以较少的劳动交换发展中国家较多的劳动，虽然交换是等价的，但却是不平等的。马克思还指出，分工形成的规模化生产使大工业脱离了本国基地，完全依赖于世界市场与国际交换，“一种新的与机器经营的主要中心相适合的国际分工，于是发生了。它使地球一部分成为主要的农业生产区域，以便把别一部分转化为主要的工业生产区域”。恩格斯也认为自然分工与自由贸易是资本逐利的工具，目的是“使其他一切国家皈依自由贸易的福音，来建立以英国为最大的工业中心，而其余一切国家为依存这个中心的农业地域的世界”。

虽然西方经济学的国际分工与国际贸易理论有一定的局限性，比如古典国际分工理论的许多假定条件并不符合实际，再比如片面强调资源禀赋、比较优势的国际分工与贸易容易造成后发国家产业结构的固化，另外，建立在政治、经济不平等基础上的“公平”贸易对不发达国家而言其实并不公平，但是，这些理论对于推动资源要素在全球范围内自由流动、加强国际分工协作、促进世界各国开放合作与互利共赢发挥了重要的理论指导作用，对各国实施对外开放战略和制定相关产业与贸易政策，乃至今天经济全球化的深入推进均产生了深远的影响。基于国际分工与国际贸易理论，国际物流的发展演进成为各国在全球化生产与贸易体系中相对优势的一种实现手段，是各国在共同市场展开竞争合作的有效途径，国际物流既推动了全球化的发展，也受到分工与贸易方式、空间形态等的深刻影响。

从技术创新与扩散理论视角的探讨

经济全球化伴随一轮又一轮科技革命深入推进，国际竞争越来越体现为科技实力与创新能力的竞争，以跨国公司为主要载体的技术创新与技术扩散藉由国际物流拓展至全球，成为经济全球化的重要动力。1912年，熊彼特（Joseph Alois Schumpeter）指出“创新是指把一种新的生产要素和生产条件的‘新结合’引入生产体系”，首次提出“创新”及其在经济发展中的作用。随着科技进步、社会发展，学术界对创新的认识也不断演进，特别是知识社会的到来，使创新模式的变化被进一步研究和认识。1962年，罗杰斯（Everett M. Rogers）研究了多个有关创新扩散的案例，考察了创新扩散的进程和各种影响因素，总结出创新事物在一个社会系统中扩散的基本规律，提出创新扩散S形曲线理论，指出创新与创新的扩散共同构成经济发展的底层动能。

在传统的新古典增长理论框架中，稳态经济增长率能达到的均衡水平决定于外生的居民储蓄率、人口增长率和资本折旧，新增长理论将社会分工水平与知识积累联系起来，认为社会分工的深化充当了人类知识积累、技术进步和经济增长之间的桥梁，这一理论的引入较好地解释了第二次世界大战后亚洲经济奇迹和20世纪90年代美国新经济现象。人力资本推动学说则从另一个角度阐述了技术创新的作用，认为技术进步必须得到劳动者所拥有的人力资本的积极配合才能在经济增长中发挥作用，人力资本积累、分工深化和技术进步三者之间形成了一个良性互动机制，成为经济长期增长的根本动力。

在相当长的一段时期内，建立在资源相对赋有量基础上的国际分工理论支配着西方国际贸易的发展。随着生产力的进一步发展，尤其是科学技术在生产力发展中的作用日益突出，以日本学者为代表的经济学家对国际分工与科学技术的关系开展了深入研究，相关结果开始受到关注。这些学者认为，在新的条件下，科学技术对国际分工的形成和发展起决定性作用，如金森久雄就曾指出："在世界经济中何物决定国际分工的类型？我认为，现在技术成为非常重要的决定因素。"

技术不仅通过改变生产方式来改变国际分工，还改变了国际贸易形态，形成了由商品、服务和技术贸易共同组成的新型国际贸易复合结构。在经济全球化的浪潮中，国际物流不仅是技术创新与扩散的载体，也是科学技术不断向前发展的产物，研究经济全球化与国际物流的关系，不可避免地涉及有关技术创新扩散与经济增长、国际分工、竞争合作之间关系的理论，特别是近年来有关发展中国家借助技术后发优势追赶发达国家，对全球化整体格局及国际物流影响的相关研究，值得关注与借鉴。

从产业集聚与国际供应链理论视角的探讨

随着技术的发展、国际物流条件的变化等，国际分工与贸易形态发生改变，不断促进产业集群与国际供应链的形成与演进。20世纪70年代以来，新经济地理学分析了产业空间集群和地理集聚现象，认为运输成本、不完全竞争及由分工协作导致的报酬递增共同组成了产业集群和集聚的决定性因素。一方面，在企业内部分工和产业内企业间分工深入发展的背景下，由于生产的规模化、运输距离的缩短等原因，产业集聚能够有效促进生产平均成本下降，因此相比于其他非产业集聚区内的企业生产成本更具优势；另一方面，由于生产成本优势促进产品价格降低，能够吸引更多的消费者，从而扩大市场规模，为进一步产业集聚和分工细化创造了条件，即分工导致的供给扩张推动了需求扩张，反过来又加速了分工的深化。这一对产业集聚现象的分析，为理解“杨格定理”提供了新的视角。另外，分工深化还能够促进劳动力等生产要素的流动，因为物价指数的下降和市场规模的扩大能够吸引产业集聚区以外的技术工人流入，同时，企业通过外包、供应链协调、战略联盟等生产组织方式，能够在一定程度上破除某些生产要素无法自由流动的制约，而这又为产业集聚的进一步发展提供了保障。

供应链是指生产及流通过程中，涉及将产品或服务提供给最终用户活动的上游与下游组织所形成的网链结构。这一概念最早源于彼得·德鲁克（Peter F. Drucker）提出的“经济链”，后经由波特发展成为“价值链”，最终演变为“供应链”。与国际供应链相似的概念“全球供应链”（global supply chain）最早出现于1956年，真正被学者普遍关注则始于20世纪90年代。克拉森（Klassen）等（1994）将全球供应链定义为在世界范围内的工厂和原材料采购网络。阿尔比诺（Albino）（2002）也探讨了跨越国界的供应链活动，关注原材料、在制品和产成品在全球范围内的流动，以及供应链上各企业之间利用国际进出口贸易来实现供应链。李文峰（2011）认为跨国供应链的运作模式是在全球市场环境下，以客户或消费者为起点，涵盖研发、原料采购、生产、配送等全过程，最终把产成品送至客户的全部流程。

产业集聚和供应链相关理论基本是在现代生产组织方

式背景下产生和发展起来的，而分工、贸易和技术进步是产业集聚和供应链形成的必要条件。当经济全球化深入推进，产业集聚的空间范围突破了过去的地域限制，逐渐在全球形成北美、欧洲、东亚三大生产网络，内部分工高度细化，产业集聚程度进一步提高。随着跨国公司成为经济全球化的主要形态，国际产业分工方式也在发生变化，国际供应链不断延伸和日趋复杂。跨国企业往往专注于最擅长的高附加值环节，将其他生产环节外包给专业化企业，以产业内垂直分工为基础的全球供应链体系和国际生产网络逐渐形成和发展，而这种全球化的生产组织方式对经济、高效、可靠的国际物流也更加依赖。

经济全球化与国际物流的相关研究

经济全球化的相关研究

经济全球化并不是一个学科，也没有形成系统的理论体系，甚至没有一个完整的、统一的或者公认的定义，但自1983年经济学家泰尔多尔·莱维（Theodre Levitt）首次使用“全球化”（globalization）一词以来，其作为世界经济发展的一种现象或者趋势已经被人们所熟知，相关研究与论著汗牛充栋，涉及的领域十分丰富。

◎ 关于经济全球化阶段划分

当今世界，全球化几乎无处不在，但关于全球化从何时开启却没有统一答案，有学者认为人类从大航海时代开始踏上全球化征程，也有学者认为英国工业革命才正式启动全球化，还有学者将经济全球化的起点一直推迟到冷战结束，而关于全球化的阶段划分或者发展进程也自然产生了不同观点。

何帆认为，21世纪之前，全球化经历了三次浪潮。第一次出现在19世纪后半期到20世纪初，主要特征是国际贸易的繁荣和资本、劳动力的大规模跨国流动；第二次出现于20世纪50—60年代，以建立在美国实力之上的国际金融和国际贸易体制为宏观特征，以跨国公司为微观特征，但由于没有社会主义国家的参与，只能算作“半球化”；第三次浪潮涌起于20世纪70年代末，新一轮科技革命、西方国家经济政策调整、发展中国家推行经济自由化改革和开放政策、企业经营活动国际化等促成了这一轮全球化；他还认为，2008年国际金融危机之后，全球化开始退潮。托马斯·弗里德曼（Thomas Loren Friedman）将经济全球化划分为1.0至3.0三个时代，描绘了世界从“大号”到“中号”再到“小号”和“微型”的发展变化过程。他认为1.0时代从1492年至1800年，以国家和实力为故事蓝本；2.0时代从1800年左右持续至2000年，以跨国公司为推动力量；2000年开始进入全新的3.0时代，将竞争夷为平地，每个人都融入全球竞争。金碚同样用1.0到3.0来描述经济全球化，他以第二次世界大战为界，将19世纪到20世纪中叶称为列强殖民主义的1.0时代，20世纪中叶以来称为两国争霸到一国独霸的霸权主义2.0时代，当前世界正在进入权力多极、利益交织、多国共治的经济全球化3.0时代。

另外还有许多研究成果也涉及经济全球化的发展阶段，如将15世纪末新航路开辟带来的地理大发现作为起点，将20世纪90年代作为全球化新起点等。无论如何划分，学者们大多会将重大历史事件作为阶段转换的关键节点，这些事件主要包括：地理大发现、工业与科技革命、世界大战、冷战结束、WTO成立、国际金融危机，以及正席卷全球的COVID-19疫情等。对于不同阶段的全球化特征，也有不同认知，但绝大多数都认同经济全球化最初由英国等欧洲强国推动和主导，之后这一位置被美国所取代，发展中国家在全球化中的地位逐步上升，也认同全球化的各个阶段都存在自由贸易与保护主义之间的抗争，在两者之间徘徊前行。这些关于全球化阶段划分的研究以历史资料为基础、以国际政治经济基本理论为支撑，为本书研究国际物流发展的全球化背景提供了重要依据。

◎ 关于经济全球化发展格局与趋势

国际物流在全球化每个阶段受到各类因素影响而呈现出不同特点和演进规律，这些都与该阶段全球化的发展形态、利益格局等密切相关。对于全球化带来的利益、产生的弊端、导致的结果，以及不同群体、不同国家在全球化中的得失损益、未来趋势，一直存在较多争论，不仅有大量学术论文被广泛转载，还有许多畅销书风靡全球，这也是全球化无所不在的一种表现。

许多学者认为，20世纪70年代以来，全球化已成为世界经济增长的推动力，特别是发展中国家学者更加关注经济全球化带来的机遇，如张蕴岭（2008）认为当代经济全球化“对意识形态束缚的解放形成全球市场，生产要素的自由流动，大多数国家以经济为首要目标极大解放了生产力。”金碚（2020）认为，除了工业化，尚未有第二条道路可以实现经济的快速增长，工业化必然导致全球化。弗里德曼认为“世界是平的”，全球化为世界带来利益，“在成本最低、效率最高的市场进行生产，在利润最丰厚的市场完成销售”的跨国公司是最大的受益者，发展中国家能够在“平坦的竞争场地”参与竞争、获得就业机会，发达国家由于创新与技术的发展不断创造新的行业与工作岗位，每个人得到的份额随着全球经济规模的壮大而增长，认为贸易保护只会带来短期利益，自由贸易才能带来长期利益，经济全球化是不可阻挡的历史趋势。

但对全球化也不乏质疑的声音，对各种矛盾的争论，以及对全球化会导致的发展中国家经济停滞、社会不稳定、工业化退步、不平衡加剧等的担心不绝于耳，也有一些学者批评全球化造就了发展中国家的“血汗工厂”和受到剥削的低成本劳动力群体，以及一些地区的资源枯竭、生态恶化、全球气候变暖和恐怖主义扩散传播等。简世勋（Stephen D. King）认为，全球化在第二次世界大战以后促进了财富增长，但在21世纪初由福祉变成了祸根，只为少数人服务，而非造福普通大众，减少了国与国之间的不平等，但却加剧了国家内部的不平等，而且经济的全球化和政治的民族国家化之间存在不可避免的紧张关系。他还认为全球化很容易发生逆转，其衰落的一个重要原因是缺乏全球“领导力”，而全球化的版本也不止一个，新兴超级大国将寻求符合自身利益、反映自身历史的方式来重塑周围世界。布兰科·米兰诺维奇（Branko Milanovic）评价“全球化是一种好坏参半的力量”，更多关注全球化带来的不平等，通过对1988—2008年这20年间各国不同阶层居民实际收入累计增长的分析，得出与简世勋相似的结论，即国家间的不平等在缩小，国内的不平等在加剧，全球化更有利于“富裕国家的有钱人”，而最大的输家是“富裕国家的中下阶层”，“新兴经济体的中产阶层”[1]也是赢家，但他们

[1] 在全球范围的收入组别中，富裕国家的中下阶层位于80%左右的较高组别，而新兴经济体的中产阶层则位于中位数附近，即前者绝对收入远高于后者。

的绝对收益远低于富裕国家的高收入群体。他还发现中国和印度等国家推动了全球不平等水平整体下降，这是自工业革命以来首次改变上升趋势。托马斯·皮凯蒂（Thomas Piketty）也认为全球经济“寡头两级化风险要远远高于国际两极化”。

这些观点都有一定的道理和依据，但也有各自的局限性。总体而言，多数观点反映出全球化是当代世界的重要特征之一，是提高全要素生产率和扩大共同市场的客观要求，是工业社会和市场经济的必然趋势，在漫长的历史进程中为世界经济发展提供了强劲动力，也为各国和各地区的经济增长与发展进步做出了巨大贡献。全球化不断出现新矛盾，也在不断产生新变革，国际物流在全球化的进程中不断适应新的要求，也不断演变出新的形态与格局。

◎ 关于“逆全球化”与“全球化终结”

全球化继续推进还是走向终结，这关系到本书研究国际物流问题的基本前提，有必要吸取各方观点作出判断。在政治经济学理论体系中，倡导自由贸易的自由主义与倡导贸易保护主义的民族主义学派都具有悠久历史，这些学者的观点一般都与自身所处的国家环境密切相关。如18世纪的英国在“特殊历史条件”下最早完成工业化之后，竭力从海外殖民地获取工业生产所需的廉价原材料和为过剩的工业品拓展国际市场，斯密的自由贸易理论显然代表着母国立场，他认为自由贸易会引起国际分工，而国际分工形成的基本条件是各个国家在资源和生产方面有利的“自然秉赋”，包括气候、资源分布、地理位置等先天条件和已经形成、不可改变的历史条件。而李斯特（Friedrich List）则处在19世纪上半叶尚未完成工业化的德国，他指责自由贸易论者表面上是世界主义者、博爱主义者，实际上是利益垄断者，他强调民族工业独立的重要性，提出幼稚产业保护理论，以及保护的手段、期限等具体观点。

可见，从全球化进程开启以来，世界上就不乏“逆全球化”的声音，由此也产生了国际范围内的“逆全球化”浪潮。薛安伟（2018）指出，2008年金融危机后，全球化发展步伐放慢，新自由主义在一些地区备受质疑，逆全球化思潮抬头。娜欧米·克莱恩（Naomi Klein）批判了全球化利润分配机制、发达国家利用全球化主导权剥削其他国家、全球化的经济发展成果没有被全体人民共享等。其实早在1995年反全球化浪潮就已兴起，在1999年世贸组织西雅图会议期间开始引起世界舆论的广泛关注。近年来，欧美国家民粹主义、单边主义、孤立主义和贸易保护主义势力不断壮大，英国脱欧、特朗普新政更是将逆全球化势头愈演愈烈。芬巴尔·利夫西（Finbarr Livesey）认为全球经济的运行模式已经落伍，如果坚持认为继续发展全球化是唯一选择将面临巨大风险，从全球化到区域化，再从区域化到本地化，实体经济的去全球化过程已发出早期信号，选择使用本国供应商或将生产工厂设在国内的企业越来越多。据彭博社数据，截至2018年上半年，投资者纷纷从泰国、印度尼西亚、韩国等国家的股市撤资，总额达到190亿美元，这一资金外逃速度打破了2008年金融危机的最高纪录。

在这些逆全球化声音和事件之中，也不乏全球化即将终结的“预言”。马丁·沃尔夫（Martin Wolf）认为：“我们现在不仅在经历一个经济时代的终结，还在见证一个地缘政治时代的结束，前者是指西方国家所引领的全球化，后者是指冷战后以美国为主导的‘单极’世界秩序。”皮凯蒂也指出，21世纪的全球化是仅有经济、市场与金融的全球化，但没有治理、征税、转移支付的全球化和对全球化中输家的补偿，注定无法持续。管清友（2020）将未来可能图景描绘为“平行世界”，或者“半球化”，但并非何帆曾经所指的无社会主义国家参与的“半球化”，而是指中美关系弱化，各自形成相对固定的贸易伙伴体系，但他也指出这不会是一个主动选择。吴辰在《世界不是平的》推荐序中写道：“脱欧标志着这一轮高歌猛进的全球化的尾声”，但他也认为历史上的全球化都曾面临挑战而停滞，全球体制和机制无法跟上不断变化的国际经济与政治现实是其根本原因。张晓颖（2018）认为，尽管“逆全球化”在全球范围内发展，但重振世界经济增长仍然必须依靠全球化，只是不再是传统的“中心–外围”结构下的全球化，不能一味地让每个国家或经济体去接受统一的经济发展方式，否则只会拉大国家间以及国家内部的差距，无法实现全球经济共同发展。虽然处于主导地位和经济中心仍然是发达国家，但中国、印度等发展中国家也并非一直处于“外围”，而是所有的国家和经济体都能共同参与规则制定。

COVID–19疫情暴发以来，“全球化终结论”“新冷战说”也随之蔓延。基辛格（Henry Alfred Kissinger）认为新冠肺炎病毒大流行将永远改变世界秩序，虽然这似乎更多是指向全球领导力的更迭，但也表达了对经济封锁常态化严重打击自由贸易的担心。英国皇家国际事务研究所所长罗宾·尼布莱特（Robin Niblett）称病毒为“压垮经济全球化的最后一根稻草”，还有一大批国际知名专家“宣布”经济全球化正走向终点。但也有另一种观点，如美国对外关系委员会会长理查德·哈斯（Richard Nathan Haass）、新美国安全中心高级研究员罗伯特·卡普兰（Robert S. Kaplan）等许多国际战略学者认为，疫情“佐证了全球化是必须面对的现实、没有选择的选择”，“或成为经济全球化1.0和2.0阶段的分水岭”。陈伟光等（2017）认为，全球化其实并不是导致全球化主导国家中产阶级退化的主要原因，全球化还是逆全球化取决于上述国家内部同时存在并发挥作用的“双向运动”[1]，认为未来将可能回到新的“内嵌自由主义”[2]全球化和全球治理，并指出中国倡导的新型全球化模式和经济治理新秩序是全球化体系现代升级版。

综合各方观点，当前全球化虽然面临挫折，却并不会就此终结，但是会改变方式、变换节奏。对于国际物流的发展而言，全球化背景因素正在发生改变，会成为一个新的转折点，全球化的演进方向将深刻影响国际物流的演进方向。

---

[1] 由卡尔·波兰尼（Karl Polanyi）提出，“双向运动”（double movement）一种是经济自由主义的运动，即自我调节的市场经济运动，它由在市场中受益的贸易、生产和金融资本阶层推动，私有化、放任主义和自由贸易是这种运动的特征；另一种是反向的社会保护运动，旨在保护人和自然以及生产组织，它由那些在市场中受害的社会群体推动，宣称保护性立法及其他干预措施是这种运动的特征。

[2] 约翰·鲁杰（John G. Ruggie）对第二次世界大战结束后到20世纪70年代国际经济秩序特点的描述，认为这一时期国际经济自由化所取得的突出成就，根源于国家和社会之间达成的一个国内契约，即社会支持自由化的国际经济政策，国家则通过社会和政治安全网建设，减轻这个政策所带来的有害国内经济效应，其中一个有效的手段就是通过税收和财政支出计划，调节自由市场经济所带来的财富在不同社会群体中的不均衡分配。

国际物流的相关研究

国内外有关国际物流的研究也不胜枚举，但总体而言微观研究较多，宏观研究较少。从宏观视角的研究很多都具有宽广的视野和宏大的格局，但也有很多研究难以摆脱历史与立场的局限。

◎ 关于国际物流发展演进过程

划分阶段对物流的发展演进历程进行研究是学术界较为常见的范式，但对于国际物流的研究却很少有类似成果，而且理论界普遍关注物流作为一种现代管理方式的狭义概念，而非本书所指的物品相对于时空变化的广义概念，在为数不多的研究成果中，研究的历史起点也大多放在20世纪中叶现代物流理念形成以来。如2011年《中国市场》的卷首语描绘了国际物流的发展历史，主要经历了三个阶段，分别为20世纪50年代至80年代初、20世纪80年代至90年代初和20世纪90年代初至今，并且描绘了每个阶段国际物流认识理念、设施装备、管理技术、服务模式等的变化。还有一些研究是从各种运输方式相继出现、发展、衰落的角度研究国际物流的发展历程。比如荣朝和（1991，2016）的运输化理论，每个运输化阶段对应于不同的交通运输主导方式，也对应于国际物流和工业化、全球化的交融发展关系。该研究对本书的启示在于对运输化各个阶段的发展演进规律进行了深入研究，特别是运输化与工业化进程之间相互作用规律，揭示了交通运输核心经济关系。

◎ 关于国际物流与全球化的关系

国际物流与全球化发展关系方面的研究，一类是微观技术层面的研究，主要关注国际物流如何降低国际贸易成本、提高国际供应链安全与效率、促进全球经济一体化发展；另一类则是宏观战略层面的研究，主要研究国际物流在全球化中的地位与作用，国家如何构建和使用国际物流这一战略工具。本书更加关注后者。

早在大航海时期，沃尔特·罗利（Walter Ralleigh）就曾说过："谁控制了海洋，谁便控制了贸易。谁控制了世界贸易，便控制了世界财富，也便控制了世界本身。"这句话后被"海权论"创建者阿尔弗雷德·赛耶·马汉（Alfred Thayer Mahan）所引用并成为"经典"。正是在这一思想的指导下，当许多大陆国家还将关注点放在所处的陆地之时，英美等海洋国家已经依靠强大的海军控制了海洋，并且主导了贸易航线，建立了殖民主义全球化时代不可比拟的竞争优势。

当殖民主义大厦慢慢倾倒坍塌，“海权论”对国际物流的绝对控制似乎也变得不合时宜和难以实施，而此时科学技术的发展使国际物流与全球化建立了一种全新的关系，许多学者也对此进行了研究，最典型而生动的莫过于马克·莱文森（Marc Levinson）所描述的“集装箱改变世界”。他指出，以集装箱为核心，一个高度自动化、低成本和复杂性的货物运输系统降低了运输成本，从而改变了世界经济的形态，孤立的各个工厂被整合成网络，国际制造商可以选择生产成本最低的地方建设工厂，纯粹本地的市场几乎绝迹。集装箱的出现和发展是技术角度体现经济全球化与国际物流关系的重要事件之一，除此之外，各种运输方式的发展、现代信息技术的进步客观上降低了信息交互、货物流通的成本，大大减少了全球化的障碍，并反过来受到全球化影响而加速发展，对于这些方面，很多学者也给予了关注与分析。

在经济全球化对国际物流的影响方面，杨子刚等（2007）认为经济全球化促进了国际物流系统的形成和发展，并分析了物流企业的国际物流战略。王庆云（2001）以经济物流的视角讨论了全球化与国际物流的关系，认为经济全球化与经济物流是世界经济进入全球经济时代的共生现象，全球物流网络改变了工业经济的物流组织，出现了经济物流系统，这是与当今网络社会经济发展相联系的最佳经济运作模式。他还指出经济物流从技术、交换和经济有效性三个方面将全球网络中的企业紧密联系在一起，形成一体化的经济组织模式。

还有很多学者特别关注了“一带一路”与国际物流的发展关系。比如张世琪等（2020）的研究表明，大多数“一带一路”沿线国家铁路、港口基础设施质量的提升，通过进出口贸易的中介作用对中国经济增长有较显著的正向作用。陶章等（2020）运用改进的引力模型进行分析，发现国家物流绩效对中国与“一带一路”沿线国家贸易水平有显著的正面影响，补齐物流绩效短板、强化基础设施互联互通是提高“一带一路”沿线国际贸易水平的重要途径。陆华等（2018）指出，“一带一路”建设需要得到国际国内物流网络和资源整合支撑，需要探索物流枢纽网络化布局和规模发展的方向和思路，认为“一带一路”物流枢纽网络的建设将为实现“交通运输通道+物流枢纽+产能合作”的有机融合提供有力支撑。

◎ 关于国际物流发展战略

从宏观战略层面研究国际物流发展并不是一个受到足够关注的议题，或许是因为今天国际物流的市场化程度已经非常高，跨国公司而非国家或政府主导国际物流的发展，因此国内外学者更多从经营管理、市场竞争、技术操作等角度开展研究。但回顾全球化的发展演进过程，早期对国际物流战略层面的研究却非常重视，尽管这些研究并没有冠以“国际物流”的名称，毕竟这是20世纪中期以后才出现的新概念，但究其研究对象与内容，正是作为国际贸易载体的“国际物流”，由于当时（其实现在也是）主要由海洋承载国际物流，因此相关成果主要体现在海洋战略的研究中。

1890—1905年间，马汉以1660—1812年英国等欧洲海洋强国发展历程为佐证，提出了海权理论，完成了《海权对历史的影响1660—1783》《海权对法国革命和法帝国的影响：1793—1812》《海权与1812年战争的联系》等经典著作。马汉关于争夺海上主导权对于主宰国家乃至世界命运起决定性作用的观点，在当时产生了极大影响，并盛行世界百余年而不衰，而这一理念也在海洋战略研究者中引起广泛而深刻的讨论。前美国海军作战部长穆伦（Mullen）曾有过一段论述：“尽管传统海上战略聚焦于海洋控制，但现在必须认识到，当海洋处于一国独占之下时，各国兴起的经济大潮不会出现；当它对所有国家都是安全而又自由的时候，经济繁荣的大潮才会涌现。”这段话后被杰弗里·蒂尔（Geoffrey Till）所引用，并进一步指出："海权位于全球化的中心……全球化体系主要建立在海洋运输的基础之上。"巴里·高夫（Barry M. Gough）则认为，即便空中运输已经成为世界相互联系的重要手段，但海权仍然是全球影响力的基础，对海洋的控制会延伸到陆地，能够控制海洋通道的国家仍然是世界霸权的有力竞争者。

与西方以海权思想为核心的海洋战略研究有着悠久历史不同，中国作为一个大陆型国家，对海洋战略的研究起步较晚，而且没有强烈的海权扩张倾向，更加关注自身发展和战略平衡。魏源在《海国图志》中围绕"师夷长技以制夷"，主张改漕运为海运，发展海商，建立新式海军，进而掌握海权，期望中国通过海洋文明的发展，成为一个足以"制夷"的"海国"，体现了中国较早的海洋战略思想。此后，也有许多中国学者关注海洋的发展，但更多聚焦于海防与军备建设，对海洋在运输与贸易中的作用阐述较少，直到孙中山在《建国方略》中提出发展海洋实业，将港口称为"国际发展实业计划之策源地""中国与世界交通运输之关键"。新中国成立以后，中国的海洋战略逐步由军事防御转向兼顾海军建设与经济发展，特别是以海洋为通道扩大对外开放受到的关注越来越多。

2012年，中国首次提出"海洋强国"战略，要求坚决维护国家海洋权益，建设海洋强国。此后，国内越来越多的学者开始从战略层面关注海洋。刘笑阳（2013）对新航路开辟以来的西方海洋强国的发展进行了历史梳理，寻找到海洋与大国兴衰的内在联系，提出海洋强国战略在海洋实力的巩固与提升、海洋利益的维护与拓展及海洋秩序的融入与塑造三个方面的基本目标。范斐（2014）认为，海洋运输是实现全球化的基础，海运航线是国家战略资源和国际地位的重要支撑，并分析了世界海洋运输格局的时空演化。李兵（2005）指出国际海上战略通道作为物流通道和军事要地的多重职能，随着新运输方式出现、新航线开辟、国际经贸中心转移及时代主题变化，战略通道的地位和作用也随之发生变化。贾大山（2013）提出海洋强国战略，指出海运不是一般竞争性服务业，而是战略性基础和服务产业，关系国家安全和国家经济命脉。“一带一路”倡议提出以后，一些学者对沿线国际物流发展战略进行了研究，如汪鸣（2015）认为，“一带一路”下的交通互联互通，是在全新的国际经济关系体系中寻求创新性的发展机制。

相关理论与研究的贡献与局限

国际物流在经济全球化进程中发展变化，涉及国际政治与经济、经济活动与地理空间，以及交通运输与经济发展之间的关系，与国际分工与国际贸易、技术创新与扩散、产业集聚与国际供应链等密切关联，全球化进程背后的政治、经济、技术、地理等因素对国际物流的发展演进发挥了重要影响，经济学的相关学科领域和经典理论，揭示了全球化的动因与结果，为本书梳理了清晰的背景和提供了重要的观点支撑。虽然相关理论基础扎实、研究成果丰富，但从现有文献来看，以全球化为背景专门针对国际物流的研究成果并不多见，为本书留下了一定的研究空间。

关于全球化这一背景的研究，由于各自国家在不同发展阶段面临的现实状况不同，各国学者在研究中也各有侧重，无论是研究的视角还是得出的结论都具有一定的倾向性。比如全球化的消极面在中国研究文献中很少涉及，“国家或者社会易受影响、伤害与攻击的性质”却是西方全球化研究的一个重要方面。但若将全球化进程溯洄而上，至百年之前殖民主义全球化时代，西方的观点则完全不同。1897年殖民地大臣张伯伦（Joseph Chamberlain）在皇家殖民地学会（Royal Colonial Institution）年会的演讲中说道：“在一开始，征服行动总是伴随着流血事件。原住民有牺牲，那些被派遣来试图将这些民族纳入某种秩序的更为宝贵的生命同样有牺牲……几个世纪以来，野蛮、奴役和迷信笼罩着非洲内部，想要破坏它们，不可能不使用武力……任务重，责任大，但是荣誉同样是无上的……”。这段表述表明，在全球化进程开启之初，作为主导者和最大受益者，西方国家对全球化的“正当性”持完全肯定的态度，宣扬全球化对推动世界经济发展和人类文明进步的巨大作用，而忽略了其带来的消极作用甚至伤害与罪恶，与当前西方国家自称全球化“受害者”的观点自相矛盾。

由此可见，如果把全球化作为国际物流发展的背景，绝不能只局限于眼前的现实背景，而是需要从一个延展开的时间脉络去分析。全球化以及在这一进程中的国际物流问题不仅仅是一个学术问题，从某种角度而言更像是一个利益分配的实际问题，一些文献在讨论该问题时，总是自觉或不自觉地掺杂情感与观念，甚至偏见与狡辩。对比历史与现实，如果西方国家认为殖民主义全球化都具有“正当性”，那他们有什么底气去批评今天自由贸易全球化的“公平性”？如果他们认为当初新大陆与非洲原住民为了纳入西方“民主自由”的“某种秩序”而“牺牲生命”是值得的，那今天某些西方国家中下阶层为了获取东方勤劳俭朴的美好品德而“收入停滞”又有什么不划算？如果帝国那些“更为宝贵的生命同样有牺牲”这样的“代价”能够抵消殖民地人民的血泪与仇恨，那当今世界发展中国家廉价的资源、人民的汗水难道不足以补偿发达国家失去的工作岗位吗？更何况富豪阶层在这一进程中赚得盆满钵溢，西方并非只有“失去”。总有学者和政客拒绝讨论历史，回避资本的原始积累过程，认为那是具有特定条件的，是不可改变的，但他们“忽略”了今天也终将成为历史，历史唯物主义才是分析研究问题的客观方法。

总之，笔者认为，关于上述问题的讨论确实有众多翔实数据、鲜活案例、理性思考和远见卓识，但也有相当一部分学者更多是立场之争，而非观点之争，解决这一问题必须站在历史的角度。本书以现有理论方法和前人研究成果为基础，聚焦于国际物流在经济全球化变局中的发展演进过程这一以往研究鲜有涉足的领域，建立包括国际物流与全球化相互关联、相互作用各个维度的理论框架，分析各个维度的演化机制。同时，针对现有研究历史视角不足的问题，划分全球化发展阶段，对应各个阶段，梳理在相关因素的影响下，国际物流的发展进程、阶段特征与演变规律，并以更宽广的海陆统筹角度研究国际物流。此外，结合新形势和中国发出“一带一路”倡议的大背景，提出中国在经济全球化变局中重塑国际物流格局的应对策略。由于国际物流涉及的全球化背景十分复杂，与国家利益密切相关，本研究也难以完全摆脱立场、认知与学识的局限，只能在多方资料的相互佐证中，努力形成相对独立客观的学术观点。

小结

无论从漫长的历史视角还是当前的发展趋势来看，经济全球化与国际物流的关系都密不可分。本章对国际分工与国际贸易、技术创新与扩散、产业集群与国际供应链等经济全球化与国际物流相关领域重要理论和研究成果进行了梳理，提炼了主要观点与研究结论，为后续内容的阐述奠定理论基础。经济全球化与国际物流相互影响关系复杂，既涉及理论问题，也涉及现实战略选择问题，关系全球的利益格局，各国学者的研究有很多客观分析，但也难免有主观立场的倾向，本书以已有研究成果为基础，尽可能站在历史的、客观的角度开展深入研究。

LAND AND MARINE IN COORDINATION

International Logistics under Radically Changed Globalization

02

从四个维度看经济全球化与国际物流的相互影响

经济全球化有丰富内涵，其产生与发展需要一定条件，也产生了一系列影响，其中国际物流是经济全球化的条件，也受到了全球化的深刻影响。经济全球化意味着资源要素流动与生产经营活动超越国界，扩展至全球范围，由此带来物质资料的跨国移动，产生了国际物流，而国际物流又通过改变生产资料、中间产品与最终商品的时空状态，实现货物的跨国位移，为全球化生产组织、国际市场开放共享创造条件。经济全球化是一个过程，而非一种状态，国际物流在经济全球化推进过程中发展演进，其资源的分配方式、需求的空间分布、服务的成本效率和遵循的规则标准等受到全球化中各种因素的影响，而这些因素本身也在随着全球化的阶段变化而发生变化，处于演进状态。本章将从一个动态变化的视角，为研究经济全球化变局中的国际物流搭建一个影响因素的分析框架，明确影响因素研究的主要维度，以及各个维度之间的作用关系。

经济全球化与国际物流的基本概念

经济全球化的基本概念

经济全球化并没有统一概念。1983年，莱维在论文中使用了“全球化”（globalization）一词，用于描述商品、服务、资本和技术在全世界生产、消费和投资领域中的扩散现象，反映了过去20年间国际经济发展的巨大变化，受到广泛关注，这通常被认为是关于经济全球化概念的首次提出。

国际货币基金组织（IMF）指出，经济全球化是跨国商品与服务贸易及资本流动规模和形式的增加，以及技术的广泛快速传播，使世界各国经济的相互依赖性增强。这一定义描述了经济全球化形成的机制和产生的结果，表明经济全球化使原本局限于各国内部的生产和消费变为世界性的活动。

经济合作与发展组织（OECD）认为，经济全球化可以被视为一种过程，在这一过程中，经济、市场、技术与通信形式都越来越具有全球特征，民族性和地方性在减少。这一阐述表明，在经济全球化下，世界各国之间的经济联系在不断加强，相互依赖程度在不断提高，而且由于经济全球化的推进和渗透，国际经济协调机制得到强化，各国国内的经济规则也受到影响逐渐趋于一致。

其实在“全球化”这一概念出现后相当长一段时期内，经济学界对此讨论并不多，《美国经济评论》（American Economic Review）、《政治经济学》（Political Economics）等经济学主要期刊很少出现“全球化”这一关键词，一方面是由于这个词掺杂过多的价值判断，另一方面他们认为这种提法太过于空泛，不似“世界经济一体化”等术语可以明确界定，被广泛讨论的经济全球化实质上就是指商品和生产要素的流动逐渐不受国界限制的趋势，而这并非新鲜话题。

虽然没有统一概念，但对经济全球化的相关解释均涉及在全球范围内生产要素的有效配置、资本的自由流动、市场的统一开放，以及贸易、投资、企业活动的无国界化等特征。本书对于经济全球化的研究，也是基于上述特征，分析在不同发展阶段，要素配置、资本流动、贸易、投资、企业活动的不同方式，以及这些变化对国际物流的影响。

国际物流的基本概念

一般认为，物流的概念起源于美国，是在第二次世界大战美国军事后勤活动（logistics）中形成的关于军需物资储运管理的一套理念、技术与方法，后被应用于经济生活与企业管理。美日及欧洲发达国家是现代物流发展起步较早、理论研究较为成熟的地区，但对物流的定义却有不同表述方式。如美国供应链管理专业协会（CSCMP）的定义为："为满足消费者需求而进行的对原材料、中间库存、最终产品和相关信息从起始地到消费地的有效流动和储存的计划、实施和控制过程"。日本日通综合研究所的定义为："物质资料从供给者向需要者的物理性移动，是创造时间性、场所性价值的经济活动"。欧洲物流协会（ELA）的定义为："物流是在一个系统内对人员或商品的运输、安排及与此相关的支持活动的计划、执行与控制，以达到特定的目的"。中国国家标准《物流术语》的定义为："物品从供应地到接收地的实体流动过程，根据实际需要，将运输、储存、装卸、搬运、包装、流通加工、配送、信息处理等基本功能实施有机结合”。上述概念表述虽然不同，但都指出物流涉及物品的空间移动过程，以及在这一过程中包含的各种管理活动，因此，物流是管理科学研究的重要领域之一。

关于国际物流（international logistics），《物流术语》的表述十分简洁，即“跨越不同国家或地区之间的物流活动”。但学术界、企业界等社会各界并没有形成统一认识，一些学者从不同角度进行了描述性或总结性的阐释，如田贵平（2007）指出，国际物流又称全球物流，指生产和消费分别在两个或两个以上的国家独立进行时，为克服生产和消费之间的空间与时间距离，对物资进行物理性移动的一项国际商品交易或交流活动。黄新祥等（2014）的定义核心内容也是跨越不同国家（地区）之间的物流活动，并进一步拓展了相关含义，指出其实质是按国际分工协作原则和国际惯例，利用国际化的物流网络、物流设施和物流技术，实现货物在国际的流动与交换。史成东等（2016）赋予国际物流狭义与广义两个概念，狭义的概念基本引用了田贵平的定义，广义的概念包括国际贸易物流、非贸易物流、国际物流投资、国际物流合作、国际物流交流等。张良卫指出国际物流的实质是利用国际物流网络、设备和技术，实现货物在国际的流动和交换，以促进世界资源的优化配置和区域经济的协调发展。

虽然没有对国际物流的概念形成共识，但我们可以根据物流的概念进行延伸和演化，将物流概念中物品的空间移动尺度放大到跨越边境的不同国家和地区之间，在物流管理活动中增加与进出口贸易相关的通关、检验检疫、缴纳关税等活动，就可以对国际物流形成基本清晰的概念。本书在全球化的背景下研究国际物流的发展演进，由于全球化的历史进程很长，而物流是20世纪中期才兴起的概念，但物流概念所描述的经济与管理活动其实也已经存在了很长时间，甚至超过了全球化的历史。为了提高研究的针对性，本书将全球化下的国际物流定义为：由贸易、投资、企业活动等无国界化而产生的货物跨国流动。相比于全球化开启之前，地中海上的威尼斯商船、丝绸之路上的驼队马帮这些国际运输，本书所定义的国际物流不仅仅是跨越国界的货物位移，而是更加明确地服务于跨国贸易、投资活动和跨国公司经营活动，其本身也是一个在全球化中创造价值的经济与管理活动。

经济全球化与国际物流相互影响的四个重要维度

国际物流与经济全球化之间的基本关系较为清晰。国际物流是跨越不同国家或地区之间的物流活动，这些活动由需求推动产生，经济全球化是推动国际物流需求产生、扩张与变革的重要因素之一。经济全球化催生跨国投资、国际产业分工、国际商品贸易等经济活动，形成原材料、零部件、半成品、产成品、最终消费品等一系列物品跨越国界的实体流动，从而产生了国际物流这一生产性活动。国际物流通过完成各类物品的时空转换，使跨国投资、国际产业分工、国际商品贸易等经济活动得以实现，并且包括国际物流费用、时间等在内的综合成本与效率优于一国或地区独自完成全部生产过程和产品本地销售的成本与效率，推动经济全球化深入发展。由此可见，国际物流是经济全球化的载体和手段，也是全球化的催化剂、加速器，经济全球化拉动全球经济增长、促进国际贸易繁荣，为国际物流发展创造了环境，也为国际物流的规模扩张、范围拓展等提供了驱动力，二者相互影响、相互促进。当经济全球化的发展形态与格局发生变化，必然牵动物资跨国流动时空状态的改变，从而影响国际物流的发展格局，而国际物流也会因为新空间的拓展、技术进步等，改变服务方式与水平，使物流成本、效率、可达性等发生变化，使各类资源要素的相对价值发生改变，导致经济全球化中的不同区域、不同主体之间的比较优势、分工关系、投资回报等产生变化，影响经济全球化的格局，二者之间会建立起一种影响与反馈机制，长期相互作用。

按照OECD的定义，经济全球化是一个过程，在这一过程中存在很多因素，一些因素甚至超越了经济范畴，跨越到政治、文化、科技、自然等领域，但这些因素都构成了经济全球化的一个方面，或者是其条件，或者是其结果，或者是其背后的动力等。伴随着经济全球化的推进，这些因素不断发生变化，对国际物流产生深刻影响，推动国际物流的发展演变，而国际物流的发展演变又通过这些影响因素反过来作用于经济全球化进程。为了分析这种相互影响的作用关系，本书在前人研究成果的基础上，系统梳理全球化在历史进程中展现出的不同维度，聚焦主要维度，并考虑这些维度与国际物流关系的密切程度，通过甄选归并，确定最终影响因素的分析维度，建立一个用于分析经济全球化与国际物流相互影响的多维度分析框架。

金碚（2016）指出，“经济全球化利益的实现依赖于物质技术状况和基础设施条件、地缘利益格局和市场势力结构、国际制度安排即全球治理结构等一系列现实条件”。这段表述涉及了全球化的许多方面，包括物质技术、基础设施、地缘政治、市场结构、全球治理等。罗默（Romer，1990）认为第二次世界大战后东亚经济奇迹和信息技术革命带来的美国新经济现象，说明社会分工的深化充当了人类知识积累、技术进步和经济增长之间的桥梁，国家之间的分工也是经济全球化的本质特征，随着科技发展不断变化，使全球化在地理空间上形成不同形态，从过去的农业区域、工业区域的分布形态，到当前制造业中心、科技创新中心的分布形态。上述这些研究为梳理经济全球化与国际物流相互影响的分析维度提供了参考。

经济全球化开始由一国对别国资源、商品等交换需求，即国际贸易需求驱动，而后缘于斯密的绝对优势或李嘉图的比较优势理论形成了国际分工，推动了跨国投资。然而这种分工并非完全建立在自由主义所描绘的各自优势基础之上，也并非始终都是“双赢”的互惠互利，民族主义所讨论的

“零和游戏”“霸权稳定论”也一直在上演。技术创新与扩散理论指出，科学技术的发展深刻改变了资源赋有量对国际分工与国际贸易的决定性作用。而在分工领域由水平分工到垂直分工，由产业间分工到产业内分工，逐步以跨国公司为载体形成了国际供应链，新经济地理学又进一步发现了产业的空间集聚等现象。经济全球化这些发展维度、背后的影响因素都以国际物流与全球化相互作用关系为纽带，深刻反映在国际物流的演进过程当中。因此，上述理论为本书建立分析框架提供了重要指引。经过梳理和研判，本书主要从治理结构、空间格局、科学技术与规则体系四个维度（如表2–1所示），分析经济全球化与国际物流的相互影响。

表2–1

经济全球化与国际物流相互影响的主要维度及其含义

影响维度	经济全球化	国际物流
治理结构	参与主体、主体间相对地位、利益分配方式、推进动力等	全球物流资源获取与配置方式、物流运行与保障方式等
空间格局	各国和地区因加入全球产业分工和国际供应链而形成的全球生产和贸易网络形态	由跨国物资流量流向决定的物流通道、枢纽等空间分布
科学技术	对生产力发展水平产生深远影响并藉由全球化得到传播扩散的工业革命、科技革命和重大科技创新等	改变国际物流成本、效率、通达范围、运行模式、服务业态等的重要装备技术

续表

影响维度	经济全球化	国际物流
规则体系	特定政治经济秩序下的国际经贸合作平台与主要贸易、投资规则等	共同遵守的物流运行规则，以及货物相关利益方和物流各环节参与方关于权利义务的约定

治理结构

治理结构是经济全球化的重要方面，有学者认为：“国际制度安排即全球治理结构对经济全球化的影响，更具有决定性意义。全球治理结构是基于国家利益和国家实力的制度选择。”“治理结构”一词原本用于描述公司、企业等经济组织的内部机构设置、制度设计、管理关系等，后来被用于国际政治、社会管理、经济活动等不同领域，也被赋予了新的含义，但总体而言都是指用于协调和维护利益相关者之间关系的一种制度安排或组织结构。本书对治理结构这一维度的界定为：经济全球化的治理结构是指各个发展阶段经济全球化的主导者、参与者（参与范围）、全球化推进机制以及相关各方在此进程中的利益分配格局与分配方式；国际物流的治理结构是指支撑跨国物资流动的资源要素获取途径、控制权归属（包括家族、企业、财阀等经济主体及其背后的母国势力），这种掌控权力的强弱和集中度（绝对控制还是相对控制），以及这些资源要素的掌控者推动国际物流安全、有效运行的方式等。

空间格局

经济全球化以各国的地理空间为载体，国际物流是实现货物跨国空间位移的手段，更加具有空间特征，因此，空间格局是分析经济全球化与国际物流相互影响的一个重要维度。本书对这一维度的界定为：经济全球化的空间格局主要是指基于各国和地区在全球产业分工中的定位、国际供应链中所占的环节及其所处的地理位置而形成的全球化空间形态、投资与贸易格局等；国际物流的空间格局主要是指由物资流量流向决定的物流大通道、主要枢纽节点及连接通道、枢纽的干支线网络等在空间上的分布与形态。

科学技术

科学技术是经济全球化的重要驱动力之一，无论是大规模的科技革命还是小规模的技术革新，都在不同程度上对经济全球化的整体发展态势与进程或者局部地区、局部领域产生了推动作用。科技的发展影响经济领域的方方面面，也包括国际物流领域，五种现代交通运输方式的相继出现与大范围普及，背后都有科技发展的支撑，现代物流的运行更离不开工业技术、流通技术、信息技术等科学技术的发展。可见，经济全球化与国际物流都与科学技术存在密切联系，因此将科学技术作为经济全球化与国际物流相互影响的一个分析维度。本书对科学技术维度的界定为：经济全球化的科学技术是指对生产力发展水平产生深远影响并藉由全球化得到传播扩散的工业革命、科技革命和重大科技创新等；国际物流的科学技术是指能够改变国际物流成本、效率、通达范围、运行模式、服务业态等的重要装备技术。

规则体系

经济全球化与国际物流由于参与主体众多，都需要在一定的规则体系下运行，参与全球化的相关主体致力于建立和维护符合自身利益的政治经济秩序和国际投资、贸易规则，也包括相应的国际物流规则，从而在这一维度上对国际物流产生影响。本书对规则体系维度的界定为：经济全球化的规则体系是指在特定政治经济秩序下，各国和地区之间开展国际经贸合作所依托的平台及基于该平台打造的贸易、投资等规则，从过去弱肉强食的丛林法则到当前各方在平等协商基础上达成的贸易协定都可被视为规则体系的组成部分；国际物流的规则体系是指跨国物流运行所遵循的相关规则，主要是指运行操作过程中共同遵守的规范、标准，以及关于货物的相关利益方和物流各环节参与方权利义务的约定。

其他维度

除了上述四个维度，经济全球化还有许多其他维度，也在不同程度上与国际物流相互影响、相互作用。比如在自然环境维度，气候变化一直是全球化的重要议题，为了应对全球变暖，各国通过谈判达成协定并作出减排承诺。物流是能源消耗与污染排放较大的行业，减排约束对国际物流的运营网络、装备技术等均会产生重要影响，而且，气候变暖或将改变北极航道等国际物流通道的通行条件，进而改变全球物流格局。但考虑到自然环境是一个长周期因素，而国际物流变化周期相对较短，因此本书没有将这一维度纳入影响因素的分析框架。再如经济、贸易规模与增长速度对国际物流具有直接而重要的影响，物流规模、品类、方式等与其密切相关，但由于全球的经济贸易总量并不等同于全球化的经济贸易规模，很难从全球总量的统计数据中分离出与全球化相关的数据，而且这些因素也体现为全球化治理结构、空间格局、科学技术与规则体系四个维度的作用结果，与上述四个维度并非处于同一层次，并能够由上述四个维度间接表示。类似地，经济全球化中其他一些维度，虽然与国际物流也存在相互影响，但相比于上述四个维度，影响方式不够直接，程度也较为有限。为了使分析框架更为聚焦、简洁，也为了使不同维度之间的逻辑关系更加清晰，本书对相关因素进行了取舍、溯源与归并，只选取了治理结构、空间格局、科学技术与规则体系四个维度，研究经济全球化与国际物流的相互影响。

经济全球化与国际物流在四个维度上的相互影响

如图2–1所示，治理结构、空间格局、科学技术与规则体系是经济全球化中与国际物流相互影响较为重要的四个维度，根据上节对四个维度的界定和释义，本节建立经

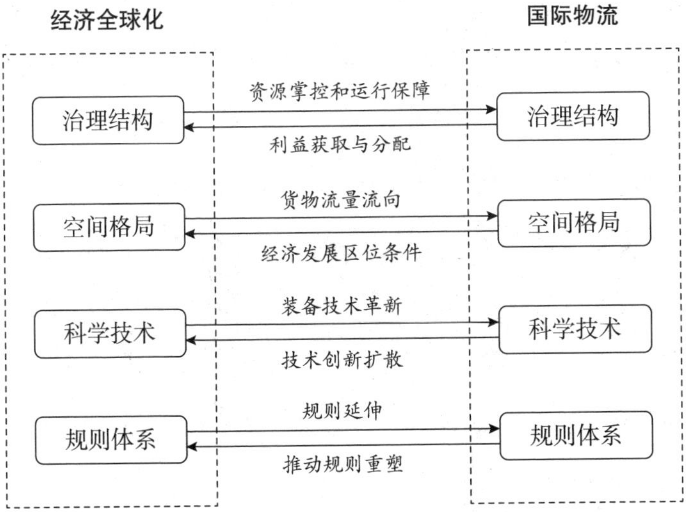

图2–1　经济全球化与国际物流相互影响的四维分析框架

济全球化与国际物流影响因素的四维分析框架，并对二者在各个维度上的相互影响关系和不同维度之间的影响进行分析。

治理结构维度的影响

治理结构涉及所有参与各方的责任与权利，以及在此基础上形成的利益格局。经济全球化的治理结构对于国际物流的治理结构具有重要影响，在全球化的众多参与主体中，占据主导地位的主体通常也是国际物流资源的掌控者，其主导地位越强，对物流资源的绝对掌控能力也越强，全球化的推进方式也决定着国际物流的运行保障方式，在暴力、资本、共同利益等不同的推进动力下，国际物流也通过不同方式维护安全与保持畅通。国际物流的治理结构也会影响经济全球化，能够在国际物流领域形成一定的控制力，也意味着在经济全球化中建立更大的竞争优势，从而获取更多的利益分配。

空间格局维度的影响

经济全球化的空间格局影响国际物流空间格局的形成

与演变，各国和地区基于资源禀赋与比较优势在全球生产网络中承担各自分工，彼此开展贸易，形成货物的跨国流动，决定了物资的流量流向，进而决定了国际物流的空间格局；反过来，国际物流的空间格局也会影响相关国家的产业分工与贸易合作，根据经济地理学中的区位理论，具有交通或者物流区位优势的国家和地区往往能够获得更多的国际投资，本国的产业也能够依托物流成本与效率优势建立更强的国际竞争力，跨国公司的全球投资布局往往都依托于最优的国际物流空间格局，以满足跨国开展生产组织与市场销售的要求。因此，国际物流与经济全球化在空间格局这一维度上相互影响、相互作用。

科学技术维度的影响

科学技术驱动世界经济增长和改变国际分工，科技创新伴随技术扩散得到广泛应用和进一步发展，而经济全球化是技术扩散的重要载体，从早期移民到后来的对外直接投资与进出口贸易，都是技术扩散的主要途径。国际物流领域的科技发展进步也源于这样的技术创新与扩散，并推动了物流相关装备技术更新换代。反过来，物流的技术革新，包括新的交通运输方式的出现、交通设施与运输工具的变革、多式联运等新的物流组织模式的产生、智慧物流等新技术新业态的发展，都极大地延展了人类的经济活动空间，显著降低了物流成本，提高了运行效率，使跨越时空的生产组织具有技术与经济可行性，使全世界的生产者能够共享全球市场。因此，在科学技术维度，国际物流与经济全球化也存在着深刻的相互影响。

规则体系维度的影响

由于国际物流主要是国际贸易的衍生需求，其规则也往往是国际贸易规则的延伸，在经济全球化的总体框架下，关于关税协定、产业政策、跨境投融资以及贸易物流规则等都具有内在的相关性，构成了一个密不可分的完整体系。在当前全球化发展阶段，规则体系已不仅仅限于国家之间的各种约定或者以国际组织为依托的国际公约、协定等，由于各国的产业体系与国内市场对国际竞争的影响越来越大，各国边境后方的产业政策也开始被纳入国际规则体系予以讨论，这也将对国际物流的规则产生重大影响。同时，国际物流规则的发展演变也会促进投资、贸易、金融结算等规则的改变，进而重塑经济全球化的规则体系。

四个维度的交叉影响

国际物流与经济全球化在上述四个维度上的相互影响，不仅体现在每一个维度内部，也体现在各个维度之间的交叉影响。比如，规则体系与治理结构具有紧密的相关性，一般而言，规则体系是治理结构一种有形的反映。治理结构更多地体现为相关各方之间的地位与势力对比，而规则体系则是在这一地位与势力对比的背景下，各方默认或者达成并承诺遵守的具体协议、法则等，以及维护这些协议法则正常运行、发展完善和解决争议的机构与机制。国际物流规则也取决于经济全球化与国际物流的治理结构，掌握资源的一方或者在保障能力方面具备更强实力的一方，在规则的制定过程中通常也具有更大的话语权；反过来，有利于自身的规则又会强化规则制定者在全球化和国际物流市场竞争中的优势地位，巩固既有的治理结构。再比如，科学技术的发展及其在全球范围内的传播扩散一方面会影响国际产业分工，改变全球化的空间格局，另一方面也会直接影响国际物流的空间格局，过去以海洋为主体的国际物流空间格局已经随着各种运输方式的出现和发展形成了海陆空立体格局，工程技术支撑新运河、新航道的开辟，运输工具建造技术的升级以及船舶飞机大型化改变了既有的航线网络等。总之，治理结构、空间格局、科学技术与规则体系四个维度是一个整体，将国际物流与经济全球化紧密联系在一起，从这四个维度能够比较清晰和全面地分析经济全球化与国际物流之间错综复杂的影响因素与相互关系。

小结

本章梳理总结了经济全球化和国际物流的基本概念，指出二者虽然均没有形成统一概念，但核心含义基本清晰。经济全球化主要涉及在全球范围内生产要素的有效配置、资本的自由流动、市场的统一开放，以及贸易、投资、企业活动的无国界化；国际物流可以理解为将物流空间位移及相关管理活动扩大到跨越国界的更大时空尺度，并融入与进出口贸易相关的管理活动；全球化下的国际物流则被定义为由贸易、投资、企业活动等无国界化而产生的货物跨国流动。对上述基本概念的理解是后续研究的基础。

之后，本章分析了国际物流与经济全球化相互影响、相互作用的基本关系，并以国际政治经济学、经济地理学、创新理论等学科领域相关理论为依据，在前人研究成果的基础上，提出了经济全球化与国际物流相互影响的四个主要维度，即治理结构、空间格局、科学技术与规则体系，对每个维度的含义进行了界定，并构建了经济全球化与国际物流影响因素的四维分析框架，分析了二者在各个维度上的相互影响关系，以及不同维度之间的交叉影响。本章构建的四维分析框架将用于后续章节对不同全球化发展阶段国际物流的研究，以及在全球化发展新阶段，中国依托“一带一路”倡议积极融入和主动推动全球化的国际物流应对策略研究。

LAND AND MARINE IN COORDINATION

International Logistics under Radically Changed Globalization

03

第一阶段：暴力开启、资本驱动

经济全球化是工业革命与市场经济相结合的产物，是社会生产力发展的客观要求和科技进步的必然结果，其发展演变受到许多历史事件影响，也深刻改变着世界的历史进程。关于经济全球化起始时间、发展阶段、推进过程等，并没有形成统一认识，本书在历史、经济、国际政治等领域专家学者研究成果的基础上，考虑到大航海和国际物流发展的密切关系，将15世纪末16世纪初开始于欧洲的地理大发现作为经济全球化的起点，并将整个历史进程划分为三个阶段，不同阶段之间也并非完全界限分明，而是从一个阶段向另一个阶段过渡的时期存在交叉重合（如图3-1所示）。

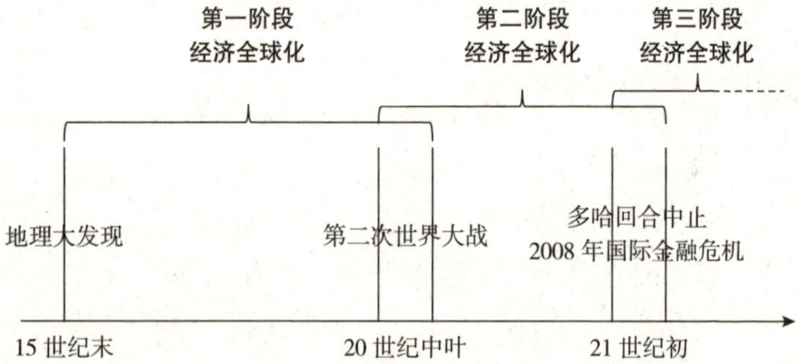

图3-1　经济全球化的发展阶段划分

本书将15世纪末至20世纪中叶作为研究经济全球化与国际物流的第一个阶段，起点为地理大发现，终点为第二次世界大战结束。在这段历史进程中，西方国家依靠暴力与资本打开了世界大门，又凭借两次工业革命大大提高了社会生产力与综合国力，并为掠夺资源和倾销过剩工业品建立了殖民地经济。在列强吞食、弱肉强食的全球化第一阶段，国际物流领域也构建了“海权论”规则主导的海洋运输体系，拥有强大军事力量和航海造船技术的西方海洋强国，以战争为主要手段抢夺国际战略通道与关键节点，从扼守地中海到瓜分新大陆，国际物流始终处于西方列强的绝对控制之下。

暴力与资本推动的经济全球化

地理大发现也被称作大航海时代，始于15世纪末，但在此之前，人类就已经开始了远洋航海事业。中国宋朝（960—1279年）与元朝（1271—1368年）以来，海外贸易日益发达，对外移民增加，广州等沿海大都市已十分繁荣，至明永乐三年（1405年）农业经济已恢复，工商业也得到发展，冶矿及纺织、陶瓷、造纸、印刷等手工业比以往有很大进步。在这些坚实的经济基础和物质条件支撑下，1405—1433年，中国明朝伟大航海家郑和率领船队七下西洋，到达了西太平洋和印度洋30多个国家和地区，建立了亚非贸易网，促进了东西方人员、物资、文化、技术等交流，推动了早期全球化在亚非地区启动。15世纪中叶，小亚细亚和巴尔干半岛上的传统商路被崛起的奥斯曼土耳其帝国占领，同时欧洲对作为货币的贵金属需求因商品经济快速发展而大幅增加，东方的矿产资源以及利润丰厚的香料、丝绸等贸易吸引着欧洲国家君主、贵族及商人，为开辟新的欧亚贸易通道，他们积极支持航海事业，促成了一次又一次远航。1492年，哥伦布从欧洲出发，一路西行发现美洲大陆，随后达·伽马绕过非洲好望角抵达亚洲，麦哲伦率领船队完成环球航行，标志着人类进入大航海时代，也正式开启了经济全球化进程。

治理结构——西方列强对殖民地的瓜分与掠夺

大航海时代的到来结束了东西两个半球相互隔绝的人类历史，打破了世界各国自给自足的经济体系，也带来了全球性的资本扩张。然而，不同于郑和下西洋对外建立友好关系并传播先进文化技术，欧洲早期探险家航海活动的目的就是为了开辟新的贸易航线与市场，获取来自东方的财富，他们的远航探险不仅得到葡萄牙、西班牙等欧洲皇室财政大力支持，而且被授权进行海外掠夺和殖民统治。1494年和1529年，西葡两国先后签署了托尔德西利亚斯和萨拉戈萨条约，完成了全球第一次殖民地瓜分，西班牙几乎独占整个美洲，葡萄牙的势力范围覆盖亚洲和非洲广大地区。截至1876年，欧洲殖民者已占领非洲10.8%、美洲27.5%、亚洲51.5%、大洋洲100%的土地。正如亨廷顿

（Samuel Phillips Huntington，1927—2008）所说，西方赢得世界的优势在于有组织的暴力。这些列强殖民者以私人资本为运营经费，动用军队抢占海外殖民地，将其变为本国资本逐利的市场和廉价的原材料供应地，大量开掘和掠夺当地资源，通过暴力和欺诈等手段开展洲际间贸易，获取了巨额财富。《共产党宣言》指出，“美洲的发现、绕过非洲的航行，给新兴资产阶级开辟了新天地。东印度和中国的市场、美洲的殖民化、对殖民地的贸易、交换手段和一般商品的增加，使商业、航海业和工业空前高涨”。因此，第一阶段经济全球化是欧洲国家藉由科技发展与工业革命获得经济强权，进而谋求国际政治、军事强权，依靠资本与暴力推进的全球化，而广大亚非拉殖民地与半殖民地国家虽然也是这一轮全球化的参与者，但却处于被动的、被剥削压榨甚至侵害的地位，参与者之间的地位关系极不平等，利益分配极不公平。

空间格局——殖民经济与第一次国际产业转移

◎ 宗主国与殖民地之间的生产与贸易网络

大航海推开了经济全球化大门，也开启了西方列强对外侵略与殖民扩张进程。亚洲、非洲与美洲的殖民地成为欧洲宗主国原材料供应地，如杰文斯（William Stanley Jevons）所描述的："北美和俄国平原是我们的玉米地，加拿大和波罗的海是我们的林区，澳大利亚是我们的牧场，秘鲁是我们的银矿，南非与澳大利亚是我们的金矿，印度与中国是我们的茶园，东印度群岛是我们的甘蔗、咖啡、香料种植园，美国南部是我们的棉花种植园。"欧洲各国则大力发展第二、三产业，实现了产业结构调整，并将产品通过垄断贸易的方式向殖民地倾销，拓展了国际市场。如英国的棉纺织业曾经受到印度产品的严重挤压，当英国将印度完全征服，随即通过大幅提高棉纺织品进口关税、大幅降低棉花进口关税，使英国产品市场优势立显，致使印度大批手工纺织业主破产倒闭，市场被完全占领。总体而言，第一阶段经济全球化的空间格局以建立在宗主国与殖民地之间的生产与贸易网络为主体形态，欧洲列强不仅向殖民地掠夺物质财富，而且采用各种手段禁止或打压殖民地发展与本国具有竞争性的产业，实施贸易垄断，保障了本国的经济发展和综合国力不断增强。这一时期，欧洲是世界经济发展的重心，国际贸易量占全球国际贸易总量的2/3以上（表3-1），成为经济全球化最具有综合竞争力的地区。

表3-1
19世纪上半叶国际贸易在全球的分布结构

地区	出口额（%）	进口额（%）	进出口总额（%）
欧洲	64.2	69.6	66.9
北美	11.7	7.4	8.5
拉丁美洲	6.2	4.6	5.4
亚洲	12.4	13.4	12.9
非洲	2.2	1.5	1.9
大洋洲	3.3	3.5	3.4
合计	100.0	100.0	100.0

资料来源：转引自杨建勇.现代港口发展的理论与实践研究［D］.上海：上海海事大学，2005.

◎ 欧洲向北美的产业转移

经济全球化始终伴随着产业转移，从地理大发现至今已经经历了（包括正在发生的）多次产业转移，对此学术界划分略有不同，有学者认为是四次，也有学者认为是五次，本书将相关观点总结归纳，表述为五次国际产业转移（表3-2）。

表3-2
全球产业转移进程

进程	时间	转移/承接区域	转移产业
第一次	18世纪末—19世纪中叶	英国/欧洲大陆、北美	工业革命新技术及相关产业
第二次	20世纪中叶	美国/日本、联邦德国等地区	钢铁、纺织等资源、劳动密集产业

续表

进程	时间	转移/承接区域	转移产业
第三次	20世纪60—70年代	美国、日本、联邦德国/亚洲四小龙等新兴工业化国家（地区）	轻工、机电、造船等劳动和资本密集型产业
第四次	80年代—21世纪初	美国、日本、亚洲四小龙等/中国为代表的发展中国家	劳动和资本密集型产业、一般技术密集型产业
第五次	2008年金融危机后	中国/“一带一路”沿线；回流美日及欧洲发达国家；三大生产网络内部重组	劳动密集型产业；技术含量高、主要销售市场在欧美的中高端制造业；产业链合作与产业配套

资料来源：根据赵建吉、黄汉权等学者观点整理。

第一次国际产业转移大约发生在18世纪末至19世纪中叶，路径是从英国向东往欧洲大陆、向西往北美大陆两个方向转移。19世纪中叶以前，英国是“世界工厂”，工业生产总值占到同期世界工业生产总值的20%左右，煤炭和钢铁产量分别占世界总产量的50%和53%，占全球2%的人口控制着世界工业生产的1/3到1/2、世界贸易的1/5到1/4。19世纪初期，随着工业革命由欧洲传入北美，美国开始工业化进程，大力引进欧洲科学技术，鼓励创新与发明，机器代替了手工，银行业提供贷款，大量资金被投入工商业。19世纪上半叶，美国领土逐渐由大西洋沿岸扩张到太平洋沿岸，在南北战争结束之后，从一个农村化的共和国变成了城市化的国家。从19世纪70年代开始，世界经济增长重心从大西洋东岸的欧洲逐渐转移至大西洋西岸的北美。1860年，美国工业生产位居全球第四，总产值为19.1亿美元，到1900年，排名已上升至世界第一，总产值达95.0亿美元，超过了欧洲各国工业生产总值的一半，接近英国、德国和法国三个欧洲国家生产总量之和（表3-3），成为世界上最大的工业化国家。这一时期，美国及北美地区已经成为全球经济增长最快的地区，变为新的“世界工厂”与经济中心。

表3-3
19世纪中后期世界主要工业国家工业总产值

单位：亿美元

国家	1860年	1900年
英国	28.03	42.63
法国	20.92	29.00
德国	19.95	33.57
美国	19.07	94.98

资料来源：姜德昌.世界近代史［M］.沈阳：辽宁人民出版社，1986。

科学技术——工业革命大幅提升西方生产力与军事力量

18世纪中后期，欧洲迎来工业革命，相继进入蒸汽时代和电气时代，机器大工业替代工场手工业，生产力获得极大发展，生产效率成百倍地提高。突然扩大的生产能力创造出大量商品，远远超出欧洲各国国内市场容量，资产阶级开始向海外寻求商品销路，大航海开辟的国际贸易航线承载着大量廉价、过剩的工业产品，打破国家樊篱，涌向世界各地，形成了国际分工和全球市场，促进了经济全球化大发展。与此同时，工业革命也显著提升了欧洲各国的航海技术与军事力量，性能更佳的舰船被设计制造出来，火炮技术在海战中得到更好应用，强大的海军舰队由此建立起来（如表3–4所示）。从16世纪西班牙的“无敌舰队”（Spanish Armada）到20世纪初英国“无畏舰革命”（Dreadnaught Revolution）打造的战列巡洋舰队，均被用于征服和抢夺海外殖民地。他们控制全球航线上的战略要地，建立军事据点体系，暴力扩张和维护海洋通道，并通过开展海上贸易，为维持海军力量提供经济来源。可以说，科技的发展是开启经济全球化不可或缺的支撑条件，而当时的欧洲科技强国也成为这一轮全球化绝对的主导者与获利者，如英国作为工业革命的先导，顺理成章地率先确立了“世界工厂”和“全球霸主”地位，一半以上的工业品被销往海外，国内生产所需的大部分原料依靠国外供应。到19世纪中后期，美国逐渐崛起为世界第一强国，很大程度上也受到了第二次工业革命的推动，不断增强的科技、经济与军事实力也使美国在经济全球化中的地位后来居上，获取的利益越来越多。

表 3–4
17—19 世纪欧洲强国的海军规模（军舰拥有量）

单位：艘

年份	英国	法国	俄国	西班牙	联省共和国（荷兰）
1689	100	120	—	—	66
1739	124	50	30	34	49
1756	105	70	—	—	—
1779	90	63	40	48	20
1790	195	81	67	72	44
1815	214	80	40	25	—

资料来源：保罗·肯尼迪.大国的兴衰［M］.北京：中国经济出版社，1989。

规则体系——弱肉强食的丛林法则

第一阶段经济全球化充斥着暴力与不平等贸易，不可避免地产生大量的矛盾与对抗，并由此爆发了一系列战争，有西方列强与殖民地之间的战争，也有欧洲各国因利益争夺而引发的冲突。17 世纪中叶，欧洲在经历三十年战争（Thirty Years' War）[1]之后，达成了以主权和平等为基本原则的威斯特

[1] 1618—1648 年，欧洲主要国家先后卷入德意志内战而爆发的大规模国际战争，又称“宗教战争”，原因是中世纪后期神圣罗马帝国日渐没落，内部诸侯林立纷争不断，宗教改革运动之后又发展出天主教和新教的尖锐对立，加之周边国家纷纷崛起，矛盾积累爆发战争。

伐利亚体系[1]，成为此后几百年解决各国间矛盾、冲突的基本方法，构建了暂时的均势。但该体系建立后，欧洲各国依旧为了各自的国家利益不断发生战争与冲突，继续对外扩张势力，经济全球化仍然处于暴力维护的丛林法则之下。随着国家实力对比发生变化，新崛起帝国与守成大国在以霸权推动全球化、瓜分世界的过程中积累了深深的矛盾，相互之间摩擦不断，同时，资本主义经济危机的爆发也使一些帝国主义国家内部社会矛盾加剧，随着各种矛盾不断升级，最终爆发了两次世界大战，给世界各国人民带来沉重灾难，对人类造成巨大的物质与精神损害，但同时人权意识觉醒，实现步伐加快。

战后欧洲列强实力开始下降，而美国逐步崛起，在政治、经济、科技、文化及军事等诸多方面得到加强。而且由于作为宗主国的帝国主义国家在战争中受到重创，饱受压迫的殖民地人民接连发动了解放运动，亚洲、中东、非洲地区的数十个国家先后获得独立，地理大发现后在全球形成的殖民地体系从此彻底瓦解。

[1] 1648年10月24日，在与威斯特伐利亚相邻的两个城镇闵斯特和奥斯纳布鲁克分别缔结的条约被统称为《威斯特伐利亚和约》，象征30年战争的结束，签约双方分别是统治西班牙、神圣罗马帝国、奥地利的哈布斯堡王室和法国、瑞典以及神圣罗马帝国内勃兰登堡、萨克森、巴伐利亚等诸侯邦国，这一系列条约被称为威斯特伐利亚体系，有学者认为这是现代国际关系的开端。

资本推动与暴力维护的海洋运输体系

东西方之间的商业往来与文化交流历史悠久，在15世纪末以前形成了三条传统商路：一是古代“丝绸之路”，从君士坦丁堡登陆，经小亚细亚半岛、黑海和里海南岸至中亚，再翻越帕米尔高原到达中国；二是从叙利亚和地中海东岸，经两河流域到达波斯湾；三是从埃及经红海至亚丁湾，再经印度洋到达印度和中国。这些商路是当时沟通东西方的国际物流大通道，由于基本局限于欧亚大陆板块范围内，并不能支撑经济全球化。此后，大航海开辟的贸易航线覆盖全球主要大陆板块，成为全球化重要载体，远洋运输也成为这一阶段全球化国际物流的主要形态。

治理结构——依靠军事强权和经济霸权争夺海上战略通道

西方列强借助大航海开启经济全球化进程，在早期海权思维影响下，竞相夺取海洋上的战略通道，在各条海岸线上抢占城市、要塞、商站、码头等战略支点，以保护本国的商路畅通和阻断别国商路以垄断地区贸易。新航路联通四大洋，这些通道也分布在各个大洋之上，李兵（2005）认为："在漫长的海上运输线中，起决定性作用的只是一、两处咽喉要地，即具有战略意义的海峡……称作海上战略运输通道"，并对大西洋、印度洋、太平洋上的战略通道进行了系统梳理，如表3–5至表3–7所示。

表3–5

大西洋海域主要战略通道

海峡名称	沟通海域	长度（千米）	宽度（千米）	深度（米）
直布罗陀海峡	地中海与大西洋	89	12~43	50~1181
达达尼尔海峡	爱琴海与马尔马拉海	65	1.3~7.5	57~70
博斯普鲁斯海峡	黑海与马尔马拉海	30	0.75~3.7	27.5~124
厄勒海峡	北海与波罗的海	110	3.4~24	8~23

续表

海峡名称	沟通海域	长度（千米）	宽度（千米）	深度（米）
大贝尔特海峡	北海与波罗的海	115	11（最窄处）	13~58
小贝尔特海峡	北海与波罗的海	125	0.6（最窄处）	10~81
卡特加特海峡	北海与波罗的海	220	60~160	17~124
斯卡格拉克海峡	北海与波罗的海	240	110~145	50~610
基尔运河	北海与波罗的海	98.7	0.103	11
英吉利－多佛尔海峡	北海与大西洋	520	96~240	—
麦哲伦海峡	南大西洋与南太平洋	563	3.3~33	20~1170
巴拿马运河	加勒比海与太平洋	81.3	0.15~0.304	13~15

表3-6

印度洋海域主要战略通道

海峡名称	沟通海域	长度（千米）	宽度（千米）	深度（米）
霍尔木兹海峡	波斯湾与阿拉伯海	150	64~97	70~219
曼德海峡	红海与阿拉伯海	18	25~32	29~323
苏伊士运河	地中海与红海	190.25	0.28~0.345	22.5

表3-7

太平洋海域主要战略通道

海峡名称	沟通海域	长度（千米）	宽度（千米）	深度（米）
马六甲海峡	南海与安达曼海	1185	37~370	25~151
巽他海峡	爪哇海与印度洋	120	26~110	70~1759
龙目海峡	巴厘海与印度洋	80.5	35~65	200~1306
望加锡海峡	苏拉威西海与爪哇海	约740	120~398	1000
台湾海峡	东海与南海	370	130~140	40~80
朝鲜海峡	东海、黄海与日本海	300	约180	50~150
津轻海峡	日本海与太平洋	100	18.52~55	200~449
宗谷海峡	日本海与鄂霍次克海	101	43（最窄）	50~118

资料来源：表3-5至表3-7均来自：李兵.国际战略通道研究［D］.北京：中共中央党校，2005。

在经济全球化的第一阶段，葡萄牙、西班牙、英国、法国、联省共和国（荷兰）、俄国（苏联）、美国、德国和日本相继成为全球大国，其中葡萄牙、荷兰、英国和美国先后成为世界领导者，在对海上战略通道的争夺中，建立起全球霸权。葡萄牙以印度果阿为殖民统治核心，以马六甲、霍尔木兹、圣乔治堡[1]等重要港口为枢纽，控制了大

[1] 位于今加纳境内。

西洋、印度洋和太平洋的重要航道，垄断了欧、亚、非之间主要贸易通道。荷兰一度控制了波罗的海和北海的主要航运贸易，并垄断东方的所有产品，成为汇集各国商品的货栈和“世界马车夫”。英国在非洲夺取了开普敦、伊丽莎白、桑给巴尔、蒙巴萨和毛里求斯，将其作为海军战略基地，在苏伊士运河开通后，长期控制着这条至关重要的海上战略通道，在亚洲将香港、新加坡、仰光、槟城等作为战略支点，通过《天津条约》获得外国商船在中国长江各埠自由通行的权利，并依靠“3C”和“3S”计划[1]，将亚洲和非洲之间的战略通道划入势力范围，海陆双向控制着整个亚非大陆及其沿海地带，全球五大战略要地——多佛尔海峡、直布罗陀海峡、好望角、亚历山大和新加坡均在英国掌控之下。不仅如此，英国还竭力阻断他国国际贸易通道，如通过军事占领盟国土耳其，切断俄罗斯通往中亚和北非的出路。美国在19世纪末至20世纪初快速崛起时，致力于建立和维护大西洋护航系统，确保这一海域的航道畅通，并先后吞并夏威夷和占有巴拿马运河，控制了加勒比海和太平洋地区的重要海上据点，实现太平洋和大西洋的贯通，将战略势力范围连成一

[1] 以埃及开罗（Cairo）为中心，向南非开普敦（Cape Town）和印度加尔各答（Calcutta）修筑陆上交通线，以苏伊士运河（Suez Canal）为中心，建立东至新加坡（Singapore）和上海（Shanghai）的海上交通线。

片。第一次世界大战中，美国夺取了原属于日本的区域制海权，实现对整个太平洋海域的战略辐射。

西班牙航海家、军事家埃尔南·科尔特斯（Hernando Cortes，1485—1547）曾宣称："谁控制了海洋之间的通路，谁就可以成为世界的主人。"在第一阶段全球化进程中，西方列强借助强大的海上军事力量争夺与控制全球战略通道和重要据点，获得和巩固自身在国际物流与贸易中的主导权，又通过在全球贸易中攫取的巨额利润，强化海洋军事力量优势，进一步增强对战略通道与海上航线的保护与控制能力，构成了海洋贸易和海军力量相互支撑、相互促进的闭合循环。正如马汉指出的："海权首先从属于商业，商业则沿着最为方便的航路前进。随之而来，军事控制又促进并保护着贸易。"但主导性海权的归属并不在于一个国家所拥有的商船队规模，而在于这个国家能否以综合国力维护海上通道安全和支撑起繁荣的海洋事业。

空间格局——地中海贸易区扩张与两洋港口的兴衰

◎ 大航海将国际贸易航线拓展至全球

大航海时代之前，以西太平洋、印度洋和地中海地区为主，覆盖欧亚非的国际贸易与物流网络就已经形成。西太平洋地区的交通贸易圈北起日本，经朝鲜半岛、中国、东南亚，与印度洋及欧洲相衔接，包括郑和下西洋已知最远到达东非、红海的海上丝绸之路和中国西南陆路丝绸之路。欧洲形成了以地中海为中心的贸易区，印度洋的货物通过陆路被运到地中海沿岸的黎凡特[1]地区，再转运至欧洲各地，西欧和西北欧商人也在波罗的海和北海地区建立了活跃的海上贸易网络。印度洋贸易网以波斯湾、红海和阿拉伯半岛为北缘，以南亚、东南亚和东非海岸为两翼，海上交通将印度洋沿岸的肯尼亚至马达加斯加等西南“森林”地区、非洲之角至印度河流域的中间“沙漠”地区和印度至印度尼西亚的东南“森林”地区连在一起，承载着商业往来、文化交流与移民活动。大航海开辟了横跨大西洋到达美洲、绕道非洲最南端到达印度的新航线，以及从大西洋东岸绕过南美洲南端再横跨太平洋、印度洋返回大西洋东岸的环球航线。新航路将欧洲、亚洲、非洲与南北美洲连在一起，构建了覆盖全球的航线网络，也打开了经济全球化的大门，地中海贸易区开始向外拓展，不仅覆盖

[1] 黎凡特（Levant，又译作累范特）是一个不精确的历史上的地理名称，指中东托罗斯山脉以南、地中海东岸、阿拉伯沙漠以北和上美索不达米亚以西的一大片地区。今天位于该地区的国家有叙利亚、黎巴嫩、约旦、以色列、巴勒斯坦。

了大西洋东岸和印度洋沿岸，还延伸至大西洋西岸及太平洋沿岸，建立了联通全球的海运贸易网络，推动了国际物流空间格局的变化。

◎ 大西洋沿岸航运中心的崛起与新通道的开辟

随着欧洲列强海外殖民地的扩张、与非洲亚洲贸易规模的扩大，以及与美洲商业联系的建立，欧洲的商路和商业中心渐渐由地中海转移到大西洋沿岸，意大利的传统商业城市、黎凡特的港口等日渐衰落，里斯本、安特卫普、伦敦等港口日益繁荣。这些位于国际海运主航线上的港口城市，拥有完善的码头、锚地、泊位、深水航道、集疏运网络等硬件设施，汇集了航运金融、贸易、信息等配套服务功能，成为国际航运中心。其中，英国首都伦敦，背靠全球最大工场手工业生产中心，依靠泰晤士河水路运输与腹地紧密相连，货物贸易以及由货物贸易带动的远洋运输、航运金融、交易资讯等服务贸易十分发达，不仅是当时全球货运量最大的港口，还是实力雄厚的国际金融中心、全球重要的海运经营管理中心、海运知识与创新中心以及海运信息与资讯中心。伦敦拥有全球最大的船舶融资市场，波罗的海航运交易所开发的干散货运价指数是全球海运市场的“晴雨表”，德鲁里航运咨询公司、克拉克松研究公司、劳氏船级社、集装箱化国际咨询中心等国际航运、造船、海事、集装箱运输等权威机构均设在伦敦，联合国下属唯一专门海事机构国际海事组织总部及许多其他官方和非官方国际海事、仲裁、监管等机构也都聚集在伦敦。即使今天伦敦港口的繁忙程度、硬件功能已远不及全球化第一阶段，但对这些重要航运资源的集聚与整合，依然使伦敦保持全球最重要国际航运中心一席之地。

18世纪中叶以后，英国成为世界工厂，北美为其原材料供应地和产品销售市场，连接英国和北美之间的海上通道中心开始从波士顿转至纽约，大西洋西岸的北美大陆崛起了一个新的国际航运中心。第一次世界大战后，随着美国军事力量的壮大及在全球经济体系中地位的提升，世界贸易、海运及金融中心由伦敦转移到了纽约。纽约是当时北美最大的贸易口岸，进口额占全美国进口额的1/3，商业银行高度聚集，新的离岸国际金融市场和证券交易所已经在此成立，道琼斯指数、标准普尔指数、纳斯达克指数是国际资本市场的“晴雨表”，纽约商品期货、原油、黄金、棉花等众多商品交易所影响着全球海运市场的周期性波动，而且布雷顿森林体系确立了美元国际货币地位，纽约也因此成为国际贸易中心、金融中心。由于在融资、贸易、运输等方面具有极大便利，摩根财团、洛克菲勒财团和许多工业托拉斯将总部设在纽约或纽约都市圈内，使纽约成为企业经营决策管理中心。此外，纽约也是全球海运信息枢纽及海运知识与人力资源培养中心，《商业日报》《海事日志》《国际航运海事》等成为海运信息发布的权威媒体，纽约大学设有海运学院，邻近的马萨诸塞州和缅因州也分别设有州立海运学院，为港航业提供技术咨询服务。与伦敦相同，尽管港口货运业务也在相对衰落，但纽约至今依然具有在全球范围内配置海运生产要素的能力，是名副其实的国际航运中心。

在遥远的东方，中国的贸易与物流中心正在由广州向上海转移，到1870年，上海贸易额已占到中国贸易总额的63.8%。1869年和1914年，苏伊士运河[1]与巴拿马运河[2]相继通航，分别联通地中海与印度洋、大西洋与太平洋，为国际物流建立了更为便捷的航路，使欧洲与亚洲、美洲之间的贸易联系更为紧密与繁忙，进一步推动了经济全球化。

---

[1] 苏伊士运河（the Suez Canal）位于非洲国家埃及，贯通苏伊士地峡，是一条海平面的水道，也是亚洲与非洲的交界线，沟通地中海与红海，是欧洲至印度洋和西太平洋沿岸最近的航线。2015年7月29日，新苏伊士运河疏浚工作已正式完成，2015年8月6日正式开通。

[2] 巴拿马运河（Panama Canal）位于中美洲国家巴拿马，横穿巴拿马地峡，属于水闸式运河，连接太平洋和大西洋，大大缩短了美洲西海岸至东海岸以及欧洲的航程，是重要的航运通道。2016年6月26日，巴拿马运河拓宽工程举行竣工启用仪式。

科学技术——天文、地理、航海、造船等技术的发展

◎ 天文地理与航海科学的发展

欧洲文艺复兴（Renaissance）[1]时期，古希腊的地圆学说开始被越来越多的人文学者讨论和接受，许多航海家正是怀着对这一学说的信念踏上了开辟新航路的征程。葡萄牙人将天文观测与制图技术结合起来，完成了非洲沿岸探航和开辟印度新航路。此后，对航海技术的科学研究兴起，并且很快国际化，由数学家和航海家合作出版了一批关于地理、绘图、航行和航海术的著作。从中国传入的指南针被欧洲人改进用于航海，对偏磁角的认识使人类能够更加精确地掌握航行方向。荷兰地图学家墨卡托（G. Mercator）将人们对世界逐渐完善的认识反映到地图上，其发明的墨卡托投影[2]对欧洲航海事业给予了巨大支持。此外，四分仪、航海观象仪、沙漏、航海图、指南针、测速器、星盘等许多航海仪器和手段在远航中被联合使用，不断提高航

[1] 发生在14世纪到16世纪的一场反映新兴资产阶级要求的欧洲思想文化运动。

[2] 正轴等角圆柱投影，假想一个与地轴方向一致的圆柱切或割于地球，按等角条件，将经纬网投影到圆柱面上，将圆柱面展为平面后，即得本投影。该投影具有等角航线被表示成直线的特性，故广泛用于编制航海图和航空图等。

行的安全性、可靠性，也使航行的距离大幅延伸。欧洲各国也对航海事业加强了科技教育方面的支持。如葡萄牙建立了天文台、图书馆，开办了世界上最早的航海学校，汇聚了航海家、天文家、气象家等精英；英国建立了格林尼治天文台，给予海上航行精确的经度指示等。总之，科学技术的提高和地理知识的进步，使远洋航行成为可能，为人类开辟新航路创造了必要条件。

◎ 造船技术的发展

15世纪欧洲造船业也得到了快速的发展。1440年，葡萄牙建造出多轨三角帆船，适合近岸航行，为陌生海岸的探索航行创造了至关重要的条件。1595年，荷兰发明设计了被称为“飞船”的三桅大帆货船，相比于西班牙、英国生产的小型船只装载量大、速度快、航运能力良好。17世纪中期，荷兰造船业已实现高度机械化，造船效率达到英国的3倍，成本低40%以上，并且通过技术进步减少了船员，总运费也有所降低，为发展世界贸易、成为海上强国提供了重要物质保障。18世纪，欧洲人已经把帆船时代的造船与航海技术提升到极致，为后来工业革命后航海技术的革命性变化奠定了基础。1807年，美国机械工程师富尔顿（R. Fulton）设计出蒸汽机带动车轮拨水的“克莱蒙特”

轮船，其可靠的性能奠定了轮船在国际海洋运输中的地位。1829年，奥地利人约瑟夫·莱塞尔发明了可实用的船舶螺旋桨推进器，逐渐在轮船上取代了明轮，提高了船舶推进效率。1884年，英国发明家帕森斯（C. Parsons）设计出了以燃油为燃料的汽轮机，后来成为轮船的主要动力装置。国际海运因轮船的发明和不断改进而发生了革命性变化，运量大幅增加，运输速度不断提高，如英国霍尔德兄弟的蓝烟囱公司首航船把3000吨货物从中国运到欧洲只用了77天，过去用快速帆船运输1000吨货物则需要120 ~ 130天，从此确立了轮船在国际贸易中的显著优势地位。

◎ 其他运输方式的发展

在蒸汽机引发工业革命的几十年之后，19世纪初，第一台运行于铁轨上的蒸汽机车问世，之后英国修建了斯托克顿–达灵顿铁路并投入运营，成为近代铁路运输业的开端。19世纪中后期，美国开始修建横贯北美大陆的太平洋铁路，这条贯通东西的交通运输线路为美国开垦西部广袤土地和获取西海岸丰富矿产资源提供了重要支撑，并使东部地区成为西部自然资源的加工地和销售市场。铁路这种新的运输方式出现后，许多港口与内陆城市之间开始铺设铁轨，如英国的曼彻斯特与利物浦、日本的东京与横滨，这些从内陆延伸至码头的铁路使港口腹地范围显著扩大，将国际海运贸易与内陆工业城市的发展紧密联系在一起。19世纪末第一辆现代汽车在德国诞生，20世纪初，建立在大众需求与乡间道路状况基础上的T型车得到市场认可，此后美国汽车生产使用了流水生产线技术，开始了大批量生产。随着连接港口道路网络的升级完善，汽车运输在港口集疏运体系中发挥的作用也越来越突出，大大提高了国际物流集散中转效率。20世纪初，美国莱特兄弟发明的完全受控、依靠自身动力、持续滞空的飞机试飞成功，人类社会又诞生了一种新的交通方式，此后，美国洛克希德公司、波音公司等飞机开发与生产制造企业相继创立。第二次世界大战期间，飞机已被用于跨洋军事物资运输，为战后航空运输加入经济全球化国际物流体系奠定了基础。

规则体系——西方海权论思想与物流现代市场运行规则初现

从今天来看，国际物流领域有很多规则，如合同规则、安全规则、环保规则、金融规则等，不同规则约束和受益的对象不同，不同发展阶段，核心规则也不同。在以远洋航行为主要载体的经济全球化第一阶段，海上通行与安全保障规则是最核心的规则，货物由谁来运输也往往取决于谁能够畅通无阻地航行和保障船舶货物的安全。

◎ 英美主导建立的海洋规则与海权论思想

早期的海洋强国建立了以国王和贵族阶层为主导，以财富和权力作为巨额回报，以国家军事力量作为保障，调动社会力量和航海家积极性参与的航海事业与海上贸易激励机制。如葡萄牙王室与南下大西洋从事航海活动的探险家签订契约和颁发特许状，允许他们在向国王缴纳费用的基础上，获得探险发现的垄断经营权。航海家在国家的支持下，扮演着亦军、亦盗和亦商多重角色，在航海发现中武力开辟殖民地，获取资源，签订对其有利的贸易协定，国家任命总督并派遣军队对外进行殖民统治，通过海军维护海运通道和商业垄断贸易等。西班牙王室也集中调动人力、物力、财力等进行远航探险发现，并出台相关政策、修改法律条文鼓励对外扩张，其中最为著名的是1492年伊莎贝拉女王与哥伦布签订的《圣塔菲协议》，使哥伦布得到了想要的一切，也成就了美洲新大陆的发现。荷兰则致力于金融制度改革，并将发展世界贸易作为基本国策，通过创立股份制和金融业的发展，使全国上下各阶层都参与到海上贸易中。荷兰的东、西印度公司作为商人、冒险家同政府联合进行扩张的工具，以强大的军舰和商船队为后盾，驱逐他国贸易者，禁止当地人与其他国家通商，通过签订一系列协定逐步垄断了欧洲与东方的贸易，独占波罗的海和北海的全部船运业，成为称霸世界的转口贸易大国。

英国1640年资产阶级革命爆发后，在“护国主”奥利弗·克伦威尔（Oliver Cromwell）的领导下逐步走向统一，建立世界贸易霸权也成为英国海洋战略目标。1651年，英国通过《航海条例》，成为第一个保护本土航海贸易垄断的法案，规定欧洲货物只能由英国船只运往英国领土，产自非洲、亚洲和美洲的货物，也只能由英国或英国殖民地的船只运送。该法案后经多次修改完善，与其他战后条约一起成为英国在海洋竞争中获取优势地位的工具。英国也借助《航海法案》成为第一阶段全球化中海洋物流规则的制定者，正如斯密所说：“由于防御比财富更为重要，《航海条例》也许是英格兰所有商业规则中最英明的部分。”当时的英国作为第一海上强国，在《航海条例》等规则体系下，凭借强大的海军力量，保卫海上通商路线安全和实现海洋贸易垄断，《航海条例》等约束性设计反映出第一阶段全球化中海洋强国开始关注制度在构建海洋秩序中的作用。在海洋崛起进程中，美国一直致力于融入英国塑造的海洋秩序，对英国维持全球关键航道通畅的作用持积极态度，并在"搭便车"的同时，参与和主导新的海洋规则制定。第二次世界大战期间，英国为防止德国舰艇攻击其商船，建立了护航制度，美国参战后，与加拿大一起派海军、空军参加护航，1939—1945年，航经大西洋的护航运输队共约2200支，商船约75000艘。1893年，美国作为最大货主国通过了《哈特法》（Harter Act），加大了对承运人免责的限制，对后来国际海运统一规则的制定产生了深远影响，本书将在后续章节对此展开分析。

在第一阶段的经济全球化中，英美主导建立的海洋秩序反映了西方列强海外扩张、争霸图强的国家战略，也是维护海运贸易的基本规则，而这正是马汉"海权论"的核心思想，这一思想影响了世界经济与全球化治理体系百余年。正如保罗·肯尼迪（Paul Kennedy）所说："一个国家可以从总体上保持自身在海上交通线上的畅通无阻并使其敌人无法享受这一特权，那么这个国家就拥有了'制海权'……使它的贸易变得更为繁荣……海外联系得以维持和巩固。"金碚（2016）认为，海权论的理论逻辑基于工业革命所形成的物质技术条件，长距离海运成本远低于空运和陆运，濒海国家因此享有进入和开拓国际市场，以及远距离投放军事力量的地缘优势，即拥有强大的工业也就拥有了控制海权的优越条件，否则只能"望洋兴叹"，选择闭关锁国或保护主义。

◎ 市场规则下的物流现代经营模式初现

尽管第一阶段经济全球化的国际物流基本是在海权论思想主导下，以武力保障和垄断经营等方式暴力维持运行，但以公司化、专业化为特征的现代经营模式已经开始出现，资本家对商业利益的追求推动着市场规则的建立。工业革命兴起后，欧洲内陆地区出现了很多工厂，生产的棉纱、棉布、机械等产品需经由港口大量输往海外，同时从海外大量输入原料、粮食和其他商品，铁路将内陆城市与港口相连，进出港口的货运量迅速扩大，过去的物流运行模式难以持续。

一方面，港口成为独立资本和国际物流运营主体。在经济全球化之前，从事国际贸易与国际物流的主体往往是重叠的，典型的是威尼斯商人家家门口都系着自己的船，货物从船上卸下保管在家中等待出售。大约在18世纪末至19世纪初，国际贸易与国际物流的主体开始分离，以伦敦为发源地，港口出现了码头公司这种独立的生产资本。西印度码头公司成立后，由条例规定了码头公司应备齐所需要的码头、仓库等其他设施，并要求西印度方面的货物和船舶均使用该码头。当时伦敦市市长作为泰晤士河的管理者还把从码头的入口起，200码内的水上管理权移交给码头老板，将码头变为一个独立的港口，雇佣码头工人从事装卸作业，出现了土地、资本和劳动这种现代的经营形式。20世纪初，泰晤士河管委会吸收合并了众多码头与河流管理体系，组建“港务局”，于是港口形成一个统一的巨大资本。为了快速完成货物装卸和集疏运，以满足船期要求，一些码头的岸壁上装配了起重机，后方堆场制定了堆存制度，相关作业越来越迅速和井然有序。

另一方面，轮船公司围绕港口重塑业务体系。第一次世界大战后，围绕港口出现了定期班轮这一国际性物流网络体系。由于船舶必须按照轮船公司制定的配船日程表在指定港口停靠，停泊时间受到限定，轮船公司纷纷在各个港口设立公司或办事处，在船舶进港前将货物集中起来做好装船作业准备，并办好官方手续，还要在船舶进港后向船舶供应燃料、淡水、食品，照料船员在港口期间的生活，同货主进行交涉，办理海上保险，同银行等金融机构进行资金交易等，货物装卸也从过去由船方组织改为由陆上组织。于是，一个在港口以轮船公司为中心的业务体系逐步形成。

小结

本章在相关领域研究成果的基础上，对经济全球化进行了阶段划分：第一阶段为15世纪末至20世纪中叶，即地理大发现至第二次世界大战结束；第二阶段为20世纪中叶至21世纪之初，即第二次世界大战后国际政治经济新秩序的建立到WTO多哈回合正式中止及2008年全球金融危机爆发；第三阶段为21世纪之初至今，新一轮全球化进程仍在进行之中。三个阶段并非完全界限分明，而是存在交叉重合。

在此基础上，本章重点梳理了经济全球化的第一个发展阶段，根据上一章建立的四维分析框架，从治理结构、空间格局、科学技术、规则体系四个维度，分析了经济全球化与国际物流的相互影响。

在治理结构维度，这一阶段的经济全球化由暴力与资本直接推动，西方列强是全球化的主动推动者，广大殖民地与半殖民地国家是被动参与者，受到宗主国强烈剥削与压榨，帝国主义通过对殖民地的瓜分和掠夺完成利益分配；

对应的国际物流治理结构也是西方国家依靠军事强权夺取海上战略通道、节点等重要物流资源，借助经济霸权垄断海上贸易物流，借此获得更大经济利益和全球化主导权。

在空间格局维度，全球化围绕殖民经济建立了国际生产贸易网络，欧洲工业化国家成为“世界工厂”，亚非拉殖民地是原材料供应地和过剩工业品的倾销市场；对应的国际物流空间格局从地中海扩张至大西洋与太平样，航线网络随大航海遍布全球，传统地中海港口衰落，伦敦、纽约等国际航运中心崛起。

在科学技术维度，两次工业革命大幅提升西方国家的生产力，过剩的生产能力迫切需要寻求海外市场，推动了国际物流的发展，同时，不断提高的军事装备水平也为暴力维护海洋秩序提供了有力工具；对应的国际物流领域，天文、地理、航海、造船等技术的发展大大增强了人类的远航能力，建立了以海洋为主体的国际物流网络。

在规则体系维度，第一阶段全球化遵循弱肉强食的丛林法则，暴力战争是解决矛盾与冲突的主要手段；围绕海洋发展的国际物流受到“海权论”思想的深刻影响，在由英国主导建立的“霸权”海洋规则下运行，但一些现代市场运行模式开始出现，市场规则出现萌芽。

04

第二阶段：多边主义、单极主导

本书将20世纪中叶至21世纪之初作为分析经济全球化与国际物流的第二个阶段，起点为第二次世界大战结束，终点为WTO多哈回合正式中止及2008年国际金融危机爆发。第二次世界大战后，国际政治经济新秩序逐步建立起来，凭借马歇尔计划，欧洲实现快速复兴，北美拓展了全球市场，日本经济也在战后重建中实现迅速恢复与大幅增长，全球初步构建起三大生产网络，相互之间经济贸易联系不断加强，物资流动日益频繁，形成了跨越大西洋、太平洋的繁忙贸易航线，国际海运物流量大幅增长，纽约、伦敦、横滨等港口的航运中心地位进一步增强。随着发达国家制造业向外转移，亚洲的新加坡、韩国、中国等国家先后在承接产业转移的进程中，培育一批沿海港口城市快速崛起，成为新的国际航运中心。集装箱的发明及随之建立的一整套标准化国际物流软硬件体系，有力支持了全球三大生产网络的运行与相互之间的贸易活动，统一的国际海运规则建立了全新的国际物流商业与法律秩序，推动第二阶段经济全球化向纵深发展。

发达国家主导的全球分工与多边贸易合作

第二阶段的经济全球化依然由发达国家主导，以跨国公司为载体的国际资本是背后的推动力量，但与第一阶段全球化不同的是殖民经济已土崩瓦解，世界建立起新秩序，发展中国家在积极融入国际新秩序的过程中，以全新的身份参与全球化，从中获得了快速发展，也承担了越来越多的责任。

治理结构——大国主导下的多边合作

◎ 政治军事领域从两极对抗到一霸独大

历经两次世界大战以后，西欧的资本主义国家受到战争与殖民地解放运动的双重打击，政治经济实力与国际地位普遍衰落，而美国不仅本土几乎没有经历炮火袭扰，还在大洋彼岸的战争中赚足了利益，经济与军事实力大增，成为头号强国，西方世界开始形成以美国为首的资本主义阵营。同时，在世界的另一端，苏联的力量也逐渐强大，国际地位大大提高，成为世界上唯一一个能够与美国抗衡的大国，东欧和亚洲大陆受世界反法西斯战争影响和鼓舞，涌现出一系列人民民主国家，在各国共产党领导下走上社会主义道路，力量不断壮大，越出了一国范围，形成了以苏联为首的社会主义阵营。随着1946年“铁幕演说”发表和1947年“杜鲁门主义”出台，两大阵营开启“冷战”，美国和苏联相继建立北大西洋公约组织（North Atlantic Treaty Organization，简称北约）和华沙公约组织（Warsaw Treaty Organization，简称华约）两大军事政治集团，世界舞台开始上演霸权主义与强权政治。20世纪80年代末至90年代初，随着东欧剧变、苏联解体、华约组织正式解散，持续近半个世纪的“冷战”走向终结，两极对抗中的苏联一极已不复存在，而另一极却日益强大，全球军事政治格局转向美国一家独大。

◎ 欧美国家是第二阶段全球化主导者和早期参与者、获益者

尽管笼罩在“冷战”阴霾下，经济全球化仍然在第二次世界大战之后建立的国际新秩序下快速推进。1948年，由美国主导被称为马歇尔计划（The Marshall Plan）的欧洲复兴计划（Europe Recovery Program）启动，美国对遭到战争破坏的西欧各国进行经济援助，协助其开展重建，英国、法国等18个西欧国家成立欧洲经济合作组织（OEEC），以确保各成员国实施马歇尔计划，共同促进欧洲经济合作与复兴发展，后改名为经济合作发展组织（OECD）。同期，苏联出炉莫洛托夫计划（Molotov Plan），对东欧国家实施经济援助以及发展东欧国家对苏联贸易，被认为是马歇尔计划在东欧地区的“替代计划”，成为经济互助委员会（COMECON）的雏形。马歇尔计划对提振北美与欧洲经济发挥了重要作用，但参与莫洛托夫计划的东欧各国经济恢复速度则慢得多。美国通过马歇尔计划，实际上已经奠定了在第二阶段经济全球化中的领导地位。“冷战”结束后，美国成为世界上唯一超级大国，在美元霸权和强大军事力量的支撑下，在这一轮经济全球化中拥有不可比肩的主导地位。

◎ 世界各国广泛参与和共同推动经济全球化深入发展

第二阶段经济全球化虽然早期由欧美等西方发达国家推动，但后来亚洲、非洲、拉美等地区人民在赢得反侵略战争和反对帝国主义、殖民主义斗争胜利并实现国家独立和民族解放之后，各国也纷纷走上发展经济的道路，积极融入全球经济体系。首先是亚洲一些国家和地区通过承接产业转移、发展出口导向型经济的方式，不仅使本国经济得到了快速发展，也为经济全球化做出巨大贡献。之后，世界各地越来越多的国家和地区开始主动参与和积极推进经济全球化，并从中获得了本地经济振兴发展的机遇。2007年，全球外国直接投资总量已达到14300亿美元，遍布发达经济体与发展中国家（表4–1），全球进口与出口总额分别达到14.0亿美元和13.8亿美元，是1970年的40多倍，发展中经济体所占比例已达到40%左右。随着第二阶段经济全球化走向深入，包括金砖国家在内的一大批新兴市场国家和地区[1]快速发展起来，成为推动全球经济增长的重要动力。

表4–1

2007年全球外国直接投资总量与地区分布

单位：亿美元

国家和地区	投资额	比例
全球	14300	100.0%
发达经济体	7120	49.8%

[1] 2009年，摩根士丹利新兴市场指数将以下21个国家（地区）作为新兴市场来进行统计：巴西、智利、中国大陆、哥伦比亚、捷克、埃及、匈牙利、印度、印度尼西亚、马来西亚、墨西哥、摩洛哥、秘鲁、菲律宾、波兰、俄罗斯、南非、韩国、中国台湾、泰国、土耳其。

续表

国家和地区	投资额	比例
欧盟	3040	21.3%
欧洲其他发达地区	300	2.1%
北美	3000	21.0%
其他发达经济体	790	5.5%
发展中国家	6710	46.9%
非洲	420	2.9%
拉美和加勒比地区	1510	10.6%
亚洲	4760	33.3%
转型经济体	470	3.3%

资料来源：United Nations Conference on Trade and Development. World Investment Report 2018［R］.

空间格局——欧洲、北美、东亚三大生产网络的形成

◎ 马歇尔计划加强了西欧与北美的经济联系

在马歇尔计划实施的4年间，西欧各国共接受美国金融、技术、设备等各种形式的援助合计131.5亿美元，其中90%是无偿赠予，10%为贷款。这一时期也成为欧洲历史上经济发展最快的时期，工业生产增长了35%，农业生产超过了第二次世界大战之前的水平。由于欧洲在接受援助后，转而又将资金用于购买大量美国商品，解决了美国由

于战后经济迅速繁荣造成的商品过剩问题，同处北美的加拿大也同样在对欧洲市场商品输出中受益。通过实施马歇尔计划，西欧与北美地区经济得到重振和进一步发展，相互之间的经贸联系更加紧密。相比之下，莫洛托夫计划加强了苏联与东欧的经济联系，但限制了东欧同西方国家的经济往来，也有人认为，该计划以建设社会主义大家庭为口号，强制推行"国际分工"，把东欧变成苏联的原料供应国和商品销售市场，造成了东欧各国经济的畸形发展。总之，在第二阶段经济全球化初期，东欧的经济发展明显落后于西欧，并且成为一个游离于世界市场之外的封闭经济集团。

◎ 美国在第三次科技革命中完成产业结构调整升级

美国在两次世界大战中军事工业得到快速发展，制造业体系日益强大，之后又借助马歇尔计划，占领了欧洲市场，支撑了国内新型工业体系迅速建立和不断完善，出现了战后经济繁荣，成为世界制造业霸主，特别是在汽车、钢铁、飞机等领域具有不可比拟的优势。1953年，美国制造业增加值比重曾达到28.3%的历史顶点。随着劳动力成本不断上升，美国开始向外转移纺织、耐用消费品、简单机械产品、冶金工业等低端产业。之后伴随第三次科技革命的兴起，美国开始大力发展电子工业等高科技产业，制造业转移进程加快。在经历了20世纪70、80年代的世界经济危机以后，美国逐步完成了制造业转移和以信息技术、金融服务业为主的新产业体系构建，同时依靠海外生产基地制造的大量廉价工业消费品，成功平抑了国内通胀。在第二阶段经济全球化中，美国依托美元霸权和科技、金融领域的绝对优势，掌控着全球制造业的价值链高端，也在相当长一段时期内占据国际资源配置与全球市场的主导地位。

◎ 以中国为主体的东亚生产网络地位不断提升

第二次世界大战后，日本进行了彻底的社会改革，依靠原有人才与科技基础，并在美国资金技术支持下恢复重建，特别是在朝鲜战争期间，通过发展军工产业获得经济快速发展。此后，日本经济进入高速发展阶段，超过联邦德国成为仅次于美国的世界第二经济大国。尽管后来“石油危机”和“广场协议”使日本经济遭受打击并陷入低速增长周期，但已经建立的强大产业体系和制造业国际竞争力仍然使日本在东亚生产网络中占据举足轻重的地位。20世纪60年代起，亚洲的中国香港、中国台湾、新加坡和韩国抓住欧美等西方发达国家经济高速发展、市场快速扩张的机遇，开始推行出口导向型战略，吸引大量外资与技术，凭借区位条件与劳动力成本优势，快速建立了工业体系，实现了经济飞跃发展，被称为“亚洲四小龙”（NIE）。20世纪90年代起，中国大陆加快改革开放步伐，大规模承接国际产业转移，吸引外资，扩大出口，迅速成为全球制造业中心。2001年中国正式加入WTO，在融入经济全球化的进程中又向前迈进一大步。第二阶段经济全球化形成了国际三大生产网络，在东亚乃至全球，无论是产业体系的完备程度，还是生产能力与产量规模，中国都首屈一指，可以说东亚的生产网络是以中国为主体的，而这一生产网络在全球产业链与供应链中的地位在全球化当前阶段得到了显著提升。

◎ 区域经济一体化向前推进

在这一阶段的经济全球化中，世界各国和地区除了在WTO等全球性贸易组织框架下开展生产与贸易合作，还出现了区域经济一体化的趋势，关税同盟、自由贸易区等形式的区域经济组织已遍布全球，涵盖议题快速拓展，自由化水平显著提高，其中欧盟（EU）、北美自由贸易区（NAFTA）[1]和中国－东盟自由贸易区（CAFTA）是世界上

[1] 2018年被美国－墨西哥－加拿大协定（USMCA）所替代。

三大区域经济合作区。此外，为共同应对经济全球化带来的各种挑战，推动各国和地区经济增长，许多国家和地区还成立了世界或区域性的经济合作组织，如经合组织、亚洲太平洋经济合作组织（APEC）、海湾阿拉伯国家合作委员会（GCC）等。

科学技术——第三次科技革命推动垂直专业化产业分工

20世纪中期，全球迎来第三次科技革命，这是一场涉及信息、新能源、新材料、生物、空间和海洋技术等诸多领域的信息革命，是人类继蒸汽技术革命和电力技术革命之后在科学技术方面实现的又一次重大飞跃。第三次科技革命推动了人类社会经济、政治、文化等方方面面的变革，使社会生产与生活方式发生了巨大变化，特别是改变了传统产业组织方式。随着高分子合成工业、原子能工业、电子工业、宇航工业等一系列新兴工业部门的产生，以及传统产业快速升级，各部门产品科技含量不断提高，生产过程日趋复杂，加之前端研发设计、后端营销售后等，产业链被大大延长，过去发展中国家供给初级原料、发达工业国家供给制成品的产业间国际分工方式已难以适应现代产业链组织要求。与此同时，受科技革命和全球化技术扩散影响，许多发展中国家的工业体系逐步建立和完善起来，不再是仅仅能够提供初级原材料的农业国，在全球产业体系中扮演的角色开始发生转变。在此背景下，全球范围内开始形成产业内垂直专业化分工，不同国家和地区之间的经济联系以国际供应链为纽带变得更加紧密，生产效率与专业化水平也大幅提高。在第二阶段全球化中，科技革命使欧洲发达国家及美日等少数经济发达国家成为资本（技术）密集型产业国，广大发展中国家成为劳动（土地）密集型产业国，它们各自内部以及相互之间又形成更加细致的分工。

规则体系——以WTO为代表的多边贸易体系

第二次世界大战结束后，美国、英国、苏联等国开始按照以雅尔塔会议为首的一系列国际会议确定的原则划分势力范围，重塑国际政治、经济、金融与贸易体系，成立了联合国（UN），建立了以美元为中心的国际货币体系——“布雷顿森林体系”（Bretton Woods system），并成立国际货币基金组织、国际复兴开发银行（通称世界银行，WB）等国际组织，签订了关税及贸易总协定（GATT），构建了战后世界新格局。1996年成立整一年的世界贸易组织（WTO）取代GATT，与IMF、WB共同成为世界经济发展的三大支柱。上述机构和组织的建立，确立了外汇自由化、资本自由化和贸易自由化为主要内容的多边经济制度，对充分利用不同国家和地区资源，扩大全球生产与商品流通发挥了重要作用，成为第二阶段经济全球化重要制度保障。其中，WTO有“经济联合国”之称，旨在建立一个完整的，包括货物、服务、贸易相关投资及知识产权等内容的，更具活力、更持久的多边贸易体系。WTO成立至今成员已扩展至165个，成员贸易总额达到全球的98%，通过市场开放、非歧视、公平贸易等原则的实施，为实现国际自由贸易发挥了有力推动作用，成为经济全球化最重要的合作平台之一。

国际资本掌控与发达国家主导的国际物流运行体系

第二阶段的经济全球化总体上基于不同国家和地区资源禀赋与比较优势开展产业分工与自由贸易，市场开放程度和贸易投资便利化水平都更进一步，极大促进了全球货物、服务、资本、信息、技术与人员的流动，推动了经济的快速发展，也加快了国际物流格局的演变。由跨国公司主导的全球产业链、供应链依托跨国物流巨头实现各环节的衔接与协同，全球物流资源不再依靠武力直接夺取与控制，以母国势力支撑的国际资本逐渐掌控了国际物流资源与市场。

治理结构——国际资本深度参与国际通道、枢纽之间的竞争

经济全球化第二阶段，虽然仍有一些西方国家通过海

外驻军等方式，争取与维护各自的海外利益，强权控制国际通道与枢纽，如1986年美国海军宣布战时要控制全球16个海上战略通道[1]，但更多的国家和地区是依托跨国公司这一市场主体，通过国际资本运营获得相关通道与枢纽的所有权或者经营使用权，对其实现有效控制，支撑本国本地区的全球物流体系建设与运行。因此，这一阶段国际物流的资源获取更多地从依靠霸权手段过渡到依靠市场手段，虽然背后不可避免地存在母国势力，但治理结构已经开始体现为一种市场竞争下的相互关系。

◎ 为构建全球物流网络而开展的港口跨国资本运营

全球90%以上的国际贸易物流量由海运承担，其中大部分位于最繁忙的几条主干航线上，如跨太平洋、跨大西洋和亚欧三条主要东西向国际集装箱航线完成的运量占全球国际集装箱总运量的40%左右。位于这些主干航线上的

[1] 大西洋7条，分别是加勒比海和北美的航道、佛罗里达海峡、斯卡格拉克海峡、卡特加特海峡、好望角航线、巴拿马运河、格陵兰－冰岛－联合王国航道；地中海2条，分别是直布罗陀海峡和苏伊士运河；印度洋2条，分别是霍尔木兹海峡和曼德海峡；亚洲5条，其中3条在东南亚（分别是马六甲海峡、巽他海峡、望加锡海峡）、1条在东北亚（即朝鲜海峡）、1条在太平洋东北海域（即太平洋上通过阿拉斯加湾的北航线）。

枢纽港口具有不可替代的战略价值，对区域物流成本、效率具有重要影响，如亚欧航线与南北航线交汇处的新加坡港、跨太平洋航线起终端的上海港和香港港等。尤其是在船舶大型化趋势下，航线挂靠港数量相对减少，枢纽港地理位置的独占性和资源的稀缺性凸显，成为整个国际物流网络中的关键控制点，跨国公司纷纷以资本为纽带，参与枢纽港的建设与运营，以更好地掌控和利用资源，为本企业集团或本国的国际物流与国际贸易高效顺畅运行提供保障。从20世纪80年代起，全球港口业继民营化之后开始了对外扩张进程，但大规模的海外并购主要启动于20世纪末，其中集装箱码头是市场化、商业化程度最高，也是私人资本介入最集中的领域。1998年到2007年间，全球港口领域共发生905宗国际并购事件，交易金额接近600亿美元，占1989—2007年间全球港口并购交易额的近90%，如表4–2所示。截至2007年，全球前10大港口运营商完成的集装箱吞吐量占全球总量比重已超过60%，如表4–3所示。

国际航运企业也是港口海外并购的主要操作者，通常通过成立专门的码头管理公司对外进行港口投资，如马士基旗下的A.P.穆勒、中远集团（现为中远海集团）旗下的中远太平洋等，其投资建设码头的目的主要并不是经营管理码头，而是以股权为纽带，建立与相关港口的战略合作关系，通过对其全球航线网络中核心挂靠港的布局，保障船队的使用。

表4-2

1989—2007年全球港口国际并购事件数量及交易金额

年份	数量	交易金额（亿美元）
1989	16	17.97
1990	7	0.46
1991	34	16.48
1992	21	4.67
1993	39	7.79
1994	28	5.82
1995	36	2.67
1996	46	6.43
1997	45	19.36
1998	72	15.32
1999	71	36.84
2000	80	19.91
2001	105	22.39
2002	68	30.47
2003	84	8.76
2004	81	33.82
2005	88	103.15
2006	117	248.46
2007	139	64.94

资料来源：Thomson公司SCD数据库。

表4-3
2007年全球10大港口运营商市场份额

排名	公司名称	英文简称	国家和地区	吞吐量（万TEU）	全球市场份额（%）
1	和记黄埔	HPH	中国香港	6630	13.3
2	A.P.穆勒	APM	丹麦	6030	12.1
3	新加坡港务集团	PSA	新加坡	5470	11.0
4	迪拜环球	DPW	阿联酋	4300	8.7
5	中远太平洋	COSCO	中国	2730	5.5
6	地中海航运	MSC	瑞士	1440	2.9
7	欧洲门户	Eurogate	德国	1320	2.7
8	长荣集团	Evergreen	中国台湾	1040	2.1
9	西雅图港	SSA	美国	770	1.6
10	汉堡港	HHLA	德国	660	1.5

资料来源：Drewry 2008年度报告。

◎ 为资源输入输出而进行的战略通道与枢纽投资

矿产资源是工业生产重要的能源与原材料，由于全球自然资源分布极不均衡，资源禀赋差异也是推动经济全球化的重要动力之一。在一些矿产资源储量丰富的国家和地区，资源出口成为国民经济命脉，而另一些资源贫瘠或者结构性短缺的国家，则高度依赖从海外获取资源，尤其是石油、天然气、金属与非金属矿石等战略性资源。为了保障资源供给的安全可靠、经济高效，一些主要的资源输出国与输入国都希望相关资源运输通道与枢纽能够在自身的掌控之下，为此而开展了不同规模的物流基础设施投资与建设。

日本在这方面的战略布局最具有典型意义。第二次世界大战后，日本经济的快速发展对资源产生日益旺盛的需求，在20世纪70年代成为全球第二大经济体之后，又成为世界第三大矿产资源消费国。但日本是一个矿产资源贫乏的国家，巨大的资源消费高度依赖进口，是世界第一大天然气进口国，第二大煤炭、铁矿石、铜矿进口国和第三大石油进口国。为保障资源供给安全，日本制定了明确的战略，打造海外矿业帝国，其中，油气和煤炭权益产量分别接近国内消费量的30%和60%，铁矿石、锌矿、镍矿权益产量与国内消费量基本相当。为了这些海外权益顺利回归本土，日本除了制定完善法律法规、积极开展经济外交、加强双边多边合作，还加大了对资源输出国重要港口、铁路等物流基础设施投资。如日本在与澳大利亚、巴西等铁矿石生产国签订共同开发合约时，同步规划建设矿石运输专用铁路和港口等交通基础设施、海上运输大型专用船和兼用船，以及与临海钢铁企业配套的巨大物流系统。日本为此推出第三次钢铁产业规划，形成了计划造船、钢铁产业、造船产业、商业、政府部门以及民间金融机构等共同参与的官民协作、配套产业联动体制。同时，日本在维护战略物资储备和海洋能源运输通道安全方面还制定了一些其他政策，如规定关系国家经济命脉的石油等战略物资进口运输全部或者优先使用国轮运输。此外，日本还通过补贴、低息贷款以及对本国商社租用本国船队给予税费减免等措施，对航运企业进行保护。

不仅仅是日本，许多其他国家也高度重视保障资源运输的海外物流基础设施投资，还有一些资源开发型企业集团将这些投资当作配套服务产业，如巴西铁矿石巨头淡水河谷、中国三大石油公司等，均在全球进行了较大规模的港口等物流基础设施布局，主要服务于集团主业的物流保障。

空间格局——亚太物流市场扩张与国际航运中心崛起

◎ 国际产业转移与商品贸易物流量大幅增长

在第二阶段经济全球化进程中，国际物流空间格局的变化与全球产业转移密切相关。第二次世界大战后的第一次产业转移发生在20世纪50年代，主要是在马歇尔计划的助推下，美国的钢铁、纺织等资源与劳动密集型产业向德国、日本等国家转移，但总体规模还比较小，从国际贸易与物流规模的变化来看，也没有出现大幅上升。第二、三次产业转移则均发生在发达国家和地区与发展中国家和地区之间，涵盖了劳动、资本和一般技术密集型产业（表3-2）。相比于第一次产业转移，这两次产业转移的规模更大，涉及范围更广，也带来了国际贸易额与物流实物量的快速增长。1948年，全球商品贸易出口额只有585亿美元，至2008年已增长至16.2万亿美元（见图4-1），其中20世纪60年代末之前，全球贸易增长总体较为平缓，20世纪60年代末至90年代中期，全球货物贸易增速明显加快，进入21世纪，增速进一步加快，并一直持续至2008年国际金融危机爆发。伴随国际贸易的快速增长，国际物流需求规模

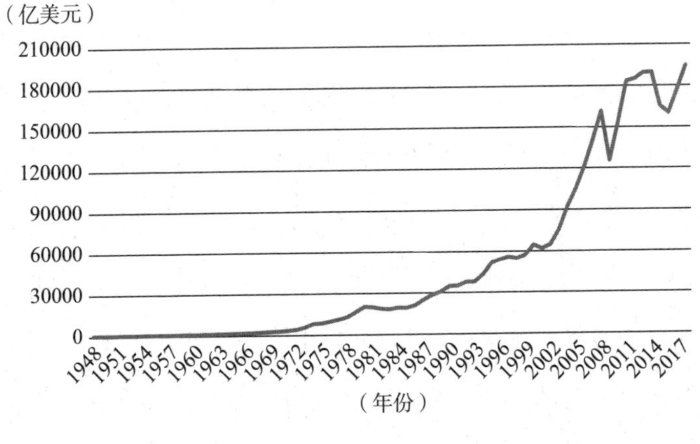

图4-1　1948—2017年全球货物贸易出口额

资料来源：世界贸易组织。

大幅扩张，海运作为国际贸易最主要的物流方式，市场日益繁荣。1955年，全球海洋运输装载货物只有约800万吨，到2008年已达到82.3亿吨，增长了1000倍。

◎ 亚非地区成为全球贸易物流增长最快的地区

在第二阶段经济全球化中，国际商品贸易总额增长了近300倍，极大促进了全球经济的发展，但分布并不平衡。2000年以前，占世界人口不到1/6的发达经济体进出口总额占到全球的2/3及以上，发展中经济体在全球化中的地位仍处于弱势。但第二阶段经济全球化也给发展中经济体创造了前所未有的机遇，在国际贸易中所占的份额不断提高，进口与出口总额分别由1970年的23.9%和29.2%提高至2008年的39.4%和44.6%（见图4–2、图4–3）。特别是拥有最多发展中国家和地区的亚洲与非洲，表现更为突出。1970年，前述两大洲的进出口总额在全球占比分别仅为18.6%和18.9%，到了2008年已提高至38.7%和32.8%，其中，东亚、东南亚、西亚北非等地区已经成为重要的国际商品贸易出口地区，出口额分别占到全球的19.0%、6.3%和9.1%（见图4–4、图4–5）。截至2008年，东亚地区的货物出口贸易额已超过北美地区，成为全球第二大商品出口地区，而货物进口贸易额也已经接近北美地区。

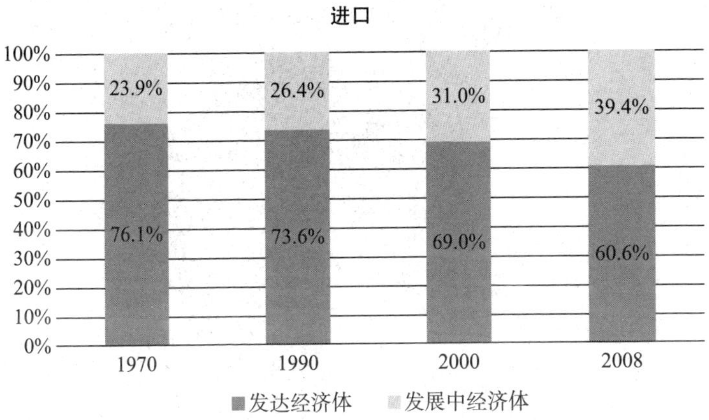

图4-2　1970—2008年发达经济体与发展中经济体货物贸易进口额比例

资料来源：根据International Trade Statistics Yearbook-UN数据计算。

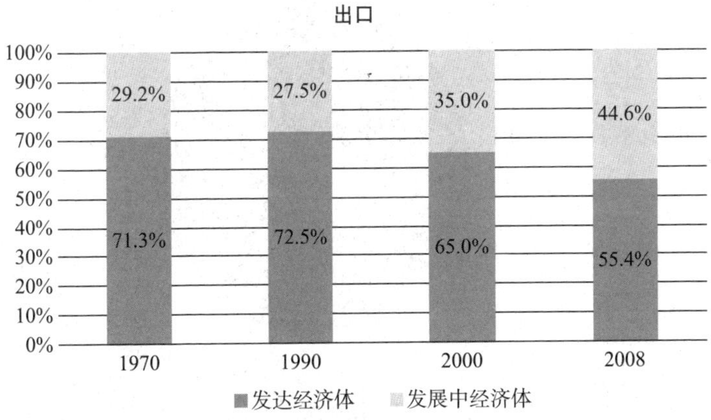

图4-3　1970—2008年发达经济体与发展中经济体货物贸易出口额比例

资料来源：根据International Trade Statistics Yearbook-UN数据计算。

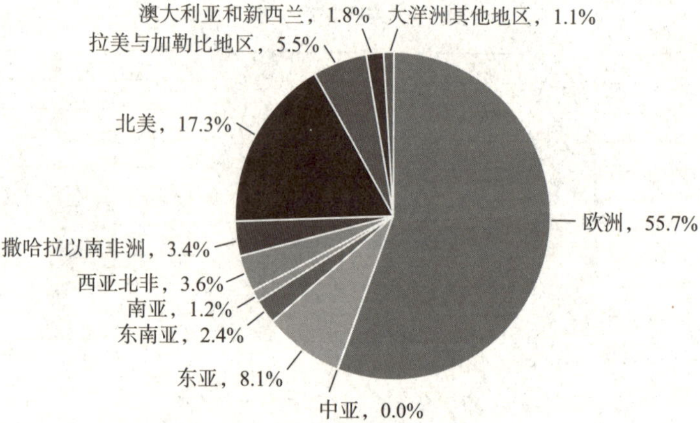

（a）1970年

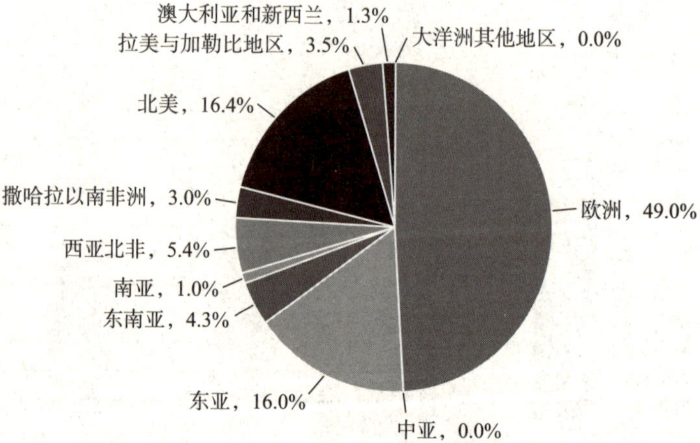

（b）1990年

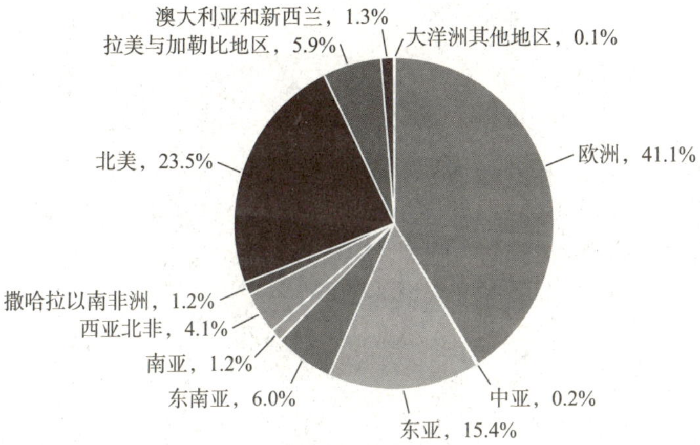

（c）2000年

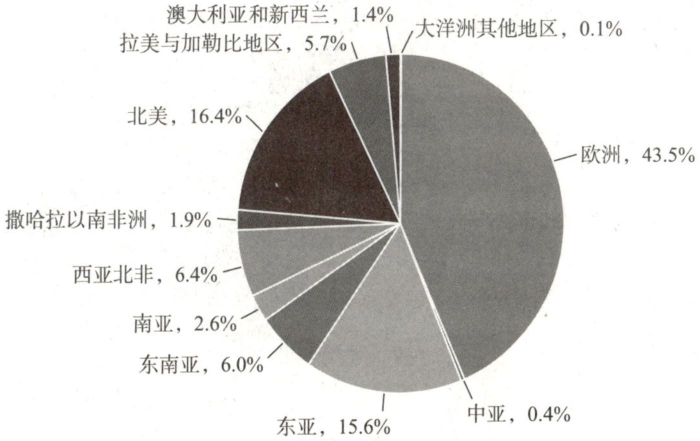

（d）2008年

图4-4　1970—2008年分地区货物贸易进口额比例

资料来源：根据International Trade Statistics Yearbook-UN数据计算。

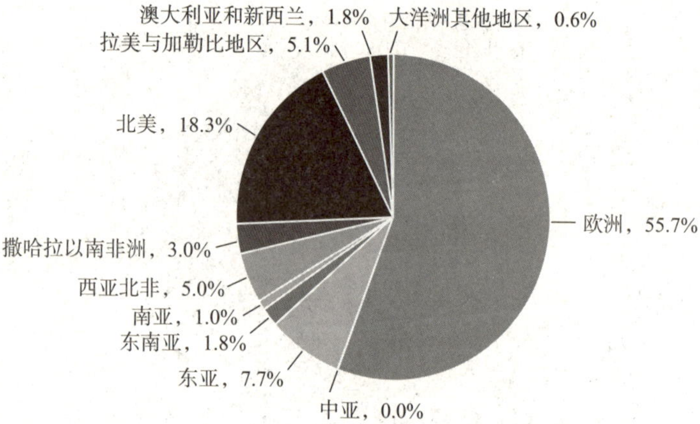

（a）1970年

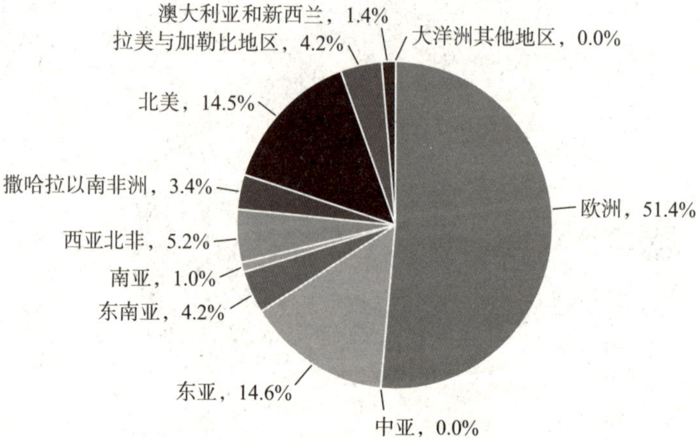

（b）1990年

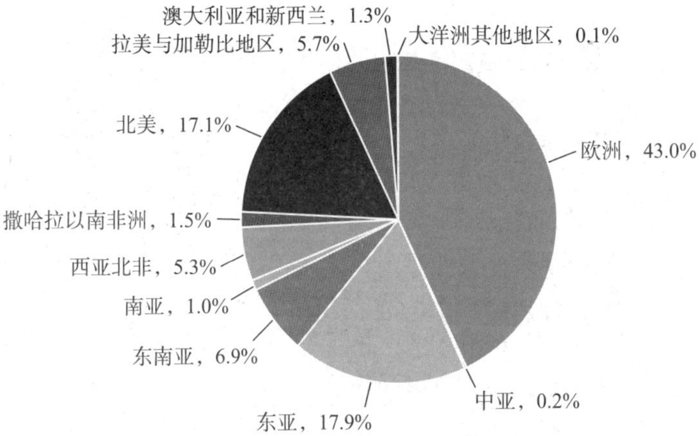

（c）2000年

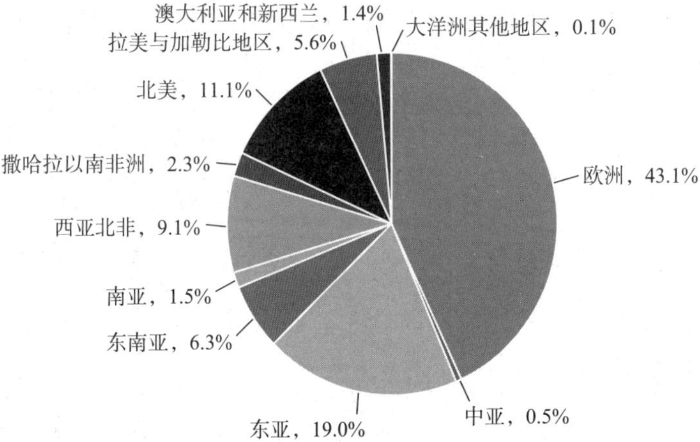

（d）2008年

图4-5　1970—2008年分地区货物贸易出口额比例

资料来源：根据International Trade Statistics Yearbook-UN数据计算。

◎ 国际航运中心由大西洋沿岸向太平洋沿岸转移

经济全球化第一阶段，国际航运中心和重要枢纽港几乎都坐落于大西洋两岸。两次世界大战期间军事工业的发展及战后的经济繁荣，使西雅图、奥克兰、洛杉矶等美国西海岸港口城市快速发展，成为世界级大港，这是进入第二阶段经济全球化以后，最先发展起来的太平洋沿岸港口。此后，以中低端制造业为主的产业由大西洋两岸加速向太平洋西岸转移，承接产业转移与实施出口导向战略使东亚与东南亚港口物流需求快速增长，东京、横滨、神户、新加坡、香港、高雄、釜山、上海、深圳等一批新兴工业城市与大型港口先后兴起（见表4–4）。20世纪70年代初，全球前20大集装箱港全部位于北美、欧洲、澳新等经济发达地区，至2010年，东亚、东南亚地区的港口已占据13席，并包揽了前8位（表4–5）。在腹地产业发展推动港口规模不断壮大的同时，远洋运输集装箱化推动了港口升级换代，船舶大型化发展也增加了货物换装转运需求，具有区位、基础设施等优势的东京、新加坡、香港、上海等港口逐渐成为全球集装箱枢纽港，并随着港口城市的航运、金融、贸易等服务功能不断完善，发展成为继伦敦、纽约之后新的全球航运中心，带动国际物流的重心由大西洋沿岸向太平洋沿岸转移。

表 4–4

全球重要港口的兴衰与国际航运中心的转移

时间	全球经济重心转移	重要港口的更替与国际航运中心的兴起
地理大发现至19世纪	地中海地区转向大西洋东岸	威尼斯等港口失去重要地位，里斯本、安特卫普、阿姆斯特丹等成为重要大港，英国产业革命以后，伦敦成为世界第一大港和国际航运中心
19世纪至20世纪中期	大西洋东岸转向大西洋西岸	纽约与鹿特丹港先后成为世界第一大港和国际航运中心
20世纪中期以来	大西洋地区转向太平洋地区	洛杉矶、长滩、东京、神户、横滨、新加坡、香港、釜山、上海、高雄等成为全球重要大港，新加坡、香港、上海先后成为世界第一大集装箱枢纽港和国际航运中心

资料来源：白文华.上海成为新一代国际航运中心的经济分析［J］.上海综合经济，2002（1）。

表 4-5
1970 年、2010 年、2019 年全球前 20 大集装箱港口

单位：万 TEU

排名	1970年			2010年			2019年		
	港口	区域	吞吐量	港口	区域	吞吐量	港口	区域	吞吐量
1	奥克兰	北美	33.6	上海	东亚	2906.9	上海	东亚	4201.0
2	鹿特丹	欧洲	24.2	新加坡	东南亚	2843.1	新加坡	东南亚	3659.9
3	西雅图	北美	22.4	香港	东亚	2353.2	宁波舟山	东亚	2635.1
4	安特卫普	欧洲	21.5	深圳	东亚	2251.0	深圳	东亚	2574.0
5	贝尔法斯特	欧洲	21.0	釜山	东亚	1415.7	广州	东亚	2192.2
6	不来梅/哈文港	欧洲	19.5	宁波	东亚	1314.4	釜山	东亚	2166.3
7	洛杉矶	北美	16.5	广州	东亚	1255.0	香港	东亚	1959.6
8	墨尔本	澳新	15.8	青岛	东亚	1201.2	青岛	东亚	1931.5
9	蒂尔伯里	欧洲	15.5	迪拜	西亚	1160.0	天津	西亚	1597.2
10	拉恩	欧洲	14.7	鹿特丹	欧洲	1114.6	迪拜	西亚	1495.4

续表

排名	1970年			2010年			2019年		
	港口	区域	吞吐量	港口	区域	吞吐量	港口	区域	吞吐量
11	弗吉尼亚	北美	14.3	天津	东亚	1008.0	鹿特丹	欧洲	1451.3
12	利物浦	欧洲	14.0	高雄	东亚	918.1	巴生港	东南亚	1231.6
13	哈里奇	欧洲	14.0	巴生港	东南亚	887.0	安特卫普	欧洲	1110.0
14	哥德堡	欧洲	12.8	安特卫普	欧洲	846.8	厦门	东亚	1070.2
15	费城	北美	12.0	汉堡	欧洲	790.0	高雄	东亚	1044.6
16	勒阿弗尔	欧洲	10.8	洛杉矶	北美	783.2	大连	东亚	977.0
17	安克雷奇	北美	10.1	丹戎帕拉帕斯港	东南亚	653.0	洛杉矶	北美	945.9
18	费力克斯托	欧洲	9.3	长滩	北美	626.3	丹戎帕拉帕斯	东南亚	896.1
19	神户	东亚	9.0	厦门	东亚	582.0	汉堡	欧洲	873.0
20	悉尼港	澳新	8.3	纽约/新泽西	北美	529.2	长滩	北美	809.1

资料来源：Lloyd's List.

科学技术——集装箱运输建立全新的国际物流运行体系

◎ 集装箱运输建立了一套国际化、标准化的软硬件体系

尽管自动装置在18世纪就已经出现并得到应用，但在20世纪60年代中期以前，货物大多以非标准化的零散状态进入国际物流过程，不便于机械操作，即使能够采用机械操作的货物，由于种类繁多而适用于不同的操作方式与流程，没有安装对应设施设备的港口依然需要人工操作。运输大型笨重货物的船东为了解决目的港无相应设施设备的问题，甚至需要将装卸工具安装在船上，大大挤占了货物装载空间。而且，非标准化的货物在海洋运输及两端工厂仓库与港口码头之间的陆上运输操作也较为复杂，造成国际物流成本高、效率低，还经常发生货损货差、丢失盗窃及码头工人人身伤害等事件。如1962年，从美国纽约港到巴西港口钢管的海上运输费用占钢管出口平均成本的13%，而两端的陆上运输成本甚至高达海上运输的两倍。1950年，曼彻斯特的码头工人受伤率达到50%，纽约港口报告的严重事故多达2208起，当时码头工人的工伤率是建筑业的3倍、制造业的8倍。

1966年，集装箱进入国际海运领域，带来了革命性变化，一整套标准化、集成化、现代化的物流体系被建立起来。首先，运输工具、装卸设备等按照适于集装箱操作的方向进行了升级改造或者更新换代，以集装箱码头为核心作业区的第三代港口开始出现并成为国际物流中心，而传统港口则失去往日繁荣，如纽约港新泽西州一侧新建了伊丽莎白码头，从这里出发的国际航线逐渐遍布全球，而另一侧的纽约老港区则日渐衰落。其次，由于装卸效率的提高，船舶在港停留时间被大幅压缩，而且时间更加可控，集装箱班轮按照公布的船期沿途定时定点挂靠多个港口，极大方便了货主，也降低了船东的运营管理难度与成本，同时，船舶开始出现标准化、大型化趋势，货物的平均运输成本不断下降。再次，计算机技术快速发展并被应用于集装箱管理，系统和通信规则的国际标准化与集装箱运输的标准化快速融合，大幅提高了信息收集、传输的效率与精度，成为一种现代化的国际物流运行模式。最后，集装箱运输的对象是一个个独立、封闭的包装单元，运输单证也逐步规范化、标准化，不同运输方式之间的换装、不同地区之间的转运可以无缝衔接，责任边界也相对清晰，货主直接与多式联运承运人签订运输合同，由其完成物流全过程服务，并承担全程责任，“一份合同、一次付费、一份保险、一单到底”的标准化运输成为国际物流的重要方式。此外，由于集装箱运输安全可靠，而且货物与船舶在途时间大大缩短，国际贸易中的保险、融资等费用支出也出现了快速下降，资金周转速度明显加快，物流与金融的关系更加紧密，货物流与资金流变得密不可分。

◎ 集装箱运输助推国际产业分工与全球消费市场快速形成

集装箱运输的影响已远远超出物流领域，深刻改变了各国与地区之间的生产和消费格局，成为推动经济全球化深入发展的关键因素。《经济学家》甚至评论：“没有集装箱，就不会有全球化。”随着国际物流成本大幅下降，越来越多的企业开始搬离传统工业和港口城市，去往具有土地与劳动力成本比较优势的地区，许多企业开启了跨国产业布局进程，推动了第二和第三次全球产业转移。在这两次产业转移完成以后，国际生产与消费格局发生了巨大变化，形成了全球产业链和全球市场。跨国企业的供应商遍布世界各地，位于不同国家和地区的孤立工厂被整合到同一个生产体系当中，分别完成最终产品的某一个生产环节，而消费者买到的很多商品都经历了长途跋涉，其各个组成部分也常常来自不同国家，“在1956年，世界到处都是本地销售的小制造商；到了20世纪末，不管哪种产品，纯粹本地的市场几乎已经绝迹。”可以说，集装箱运输极大地推动了经济全球化进程，国际物流成本的降低、时效的提高让企业和消费者有了更多选择，越来越多的企业参与到全球竞争当中，也共同分享全球市场，综合生产成本最低的国家和地区在这一阶段的全球化中快速崛起。

规则体系——统一的国际海运规则不断发展完善

当暴力推行的经济全球化成为历史，虽然海盗、局部战争与冲突等危险因素依然存在，但海上航行安全已经不是国际物流领域所要维护的核心规则，与各方责任分担、利益分配密切相关的合同规则成为国际海运最核心的规则。在经济全球化的第一阶段，欧美的军事强国、工业强国也是海运强国，国际海运规则与全球强者争霸、资本逐利的规则体系一脉相承，西方列强依靠军事与经济实力争夺和维护各自在海运贸易中的利益，形成了利益分配的基本规则。随着物流现代经营模式的出现，国际海运中货主与承运人之间建立了现代商业关系，相互之间的权利与义务更多地转向依靠法律、经济等手段来确定，具有国际法性质的国际海运规则开始出现。

◎ **海运业统一国际规则出台前承运人与货主的权责纷争**

18世纪在海上航运最为发达的英国，承运人在签订私人合同时，往往在提单上列入关于货物灭失或损失免责的条款，货主被强加了各种不公平条件和不应承担的风险。到19世纪中后期，这种免责条款愈演愈烈，不仅货方得不到正当权益保障，保险公司也不敢承保、银行不肯汇兑，使得提单在市场上难以转让流通，各方利益均受到损害，国际贸易和运输秩序陷入混乱，严重阻碍了航运业的发展。19世纪末，美国已成为全球第一大工业强国，也是最大的货主国，英国为代表的船东国在提单上滥用免责条款极大损害了美国等货主国利益。为此，美国于1893年制定《哈特法》，即《关于船舶航行、提单，以及财产运输有关的某些义务、职责和权利的法案》，对在涉及美国港口的货物运输中，限制了承运人使用不合理的免责条款，并加大了承运人关于船舶适航、货物装载保管等方面的责任。《哈特法》对之后国际航运秩序的建立和国际海运统一规则的制定产生了深远影响，一些国家采纳其基本原则制定了相关的航运法规。但是，全球范围内的承运人无限免责问题依然难以解决，而且各国立法不一，各船公司制定的提单条款也不相同，极大妨碍了运输合同的签订，不利于国际贸易的发展，制定统一的国际海运规则来制约提单已势在必行。

◎ 海运业统一国际公约《海牙规则》的出台

第一次世界大战后，全球性经济危机进一步激化了货主、银行、保险业等与船东的矛盾，原本对限制合同自由、修正不合理免责条款问题不感兴趣的英国，为缓和矛盾，同时也出于维护本国航运业竞争力、保持世界航运大国地位的考虑，开始主动与其他航运国家和组织共同寻求解决方法，主张制定国际公约。为此，国际法协会（ILA）所属海洋法委员会（Maritime law Committee）于1921年在荷兰海牙召开会议，制定了一个有关提单的统一规则，采用《哈特法》关于承运人免责限制的原则，供合同当事人签订提单时自愿采纳。此后，该规则历经各方多轮修改，并率先在英国通过国内立法实现了国内法化。1924年，相关国家政府代表在比利时布鲁塞尔通过了《统一提单若干法律规定的国际公约》，简称“海牙规则”（H.R.），于1931年6月生效，成为世界范围内的第一个国际海运规则，统一了关于提单的法律规定，确定了海上货物运输中承运人与托运人权利义务。欧美许多国家都是“海牙规则”的缔约国，有的国家将其国内法化，有的沿用其基本原则制定相应的国内法，还有些国家虽没有加入该公约，但国内船公司采用了该公约的精神制定提单条款。“海牙规则”是海上货物运输中有关提单最重要的且至今仍被普遍采用的国际公约。

◎ 国际海运规则的发展完善

国际海运领域已形成了包括海牙规则、海牙–维斯比规则、汉堡规则和鹿特丹规则等在内的规则体系。“海牙规则”规定了承运人最低限度义务、免责事项、索赔和诉讼、责任限制和适用范围，以及程序性等几个方面，其中，航行和管船过失亦免责奠定了关于承运人“不完全过失责任制”的基础。由于当时船货双方力量不均衡，“海牙规则”总体而言体现着承运人利益，对货主的保护相对较少。随着经济全球化的推进，货主的话语权逐渐增强，而且国际贸易与国际物流的发展也使得该公约部分内容不合时宜，对其进行修改的呼声不断增强。

20世纪60年代，国际海事委员会（CMI）[1]开始着手

[1] 旨在通过各种方式和活动促进国际海商法、海事惯例和实践做法的统一的非政府性国际组织，成立于1897年，由各国海商法协会组成，如国内无海商法协会，则可由类似组织或个人参加，但无表决权，现有会员52个，总部设在安特卫普，迄今的主要工作是就相关的各类国际海事公约提出建议、制定草案、参加审议，通常每4年召开一次国际会议，审议其起草的国际公约草案或建议。

修改“海牙规则”，1968年，该公约的缔约国在布鲁塞尔签订《关于修订统一提单若干法律规定的国际公约的协定书》，由于该协定书在瑞典维斯比讨论，因此被称为“海牙-维斯比规则”，于1977年6月生效。“海牙-维斯比规则”明确并扩大了“海牙规则”的适用范围，提高了承运人的赔偿限额，增加了关于集装箱运输的相关规定，以适应国际金融市场币值变化和运输方式改变的需要。但该协定书并没有从根本上改变对托运人不利的局面。

1969年，联合国开始推进有关国际海运规则修改与立法工作。1978年，在德国汉堡举行的海上货物运输大会通过了《1978年联合国海上货物运输公约》，即“汉堡规则”，进一步完善了国际海上货物运输规则。“汉堡规则”除保留“海牙-维斯比规则”所作的修改内容外，对“海牙规则”作了根本性修改，废除了承运人的航行过失和管船过失免责等权利，采用“推定过错责任制”，并首次确立了实际承运人的赔偿责任。此外，还对托运人的责任和义务、提单的功能、签发、内容和效力，以及其他运输单证、索赔和诉讼时效、仲裁、共同海损等内容作出规定。“汉堡规则”建立了新的承运人与货主风险分配制度，相比较而言更加公平合理。该公约直到1992年11月才达到条件正式生效。

20世纪60年代集装箱进入国际物流领域后，推动运输组织方式发生重大变革，国际多式联运快速发展，尽管“海牙-维斯比规则”中增加了关于集装箱运输的相关规定，但由于只适用于全程运输中的海运阶段，难以满足实际发展需要，国际物流规则面临新的变革。2008年12月，《联合国全程或部分海上国际货物运输合同公约》正式获得通过，决定在2009年9月于荷兰鹿特丹举行签字仪式，开放供成员国签署，因此该公约又被命名为“鹿特丹规则”。“鹿特丹规则”将海运的责任阶段延伸至国际多式联运的适用范围，并力图在承运人与货主之间寻求新的权利义务平衡点，而且还引入了如电子运输单据、批量合同、控制权等新内容，此外，公约还特别增设了管辖权和仲裁的内容。由于一直未达到生效条件，“鹿特丹规则”至今仍未生效。

◎ 国际海运规则发展趋势

从“海牙规则”诞生至今，统一的国际海运规则已发展了近100年的时间，期间随着国际贸易和航运业的发展，历经多次修改完善，总体上形成两种思路，也代表了两种利益格局，一是CMI的“海牙-维斯比规则”等，二是联合国的“汉堡规则”“鹿特丹规则”等。“海牙规则”由英国及北欧海运发达国家等主导制定，总体而言偏向于船东国也就是承运人利益，“海牙-维斯比规则”对“海牙规则”

作出了一些有益的修改，对维护船货双方利益起到了一定的积极作用，但并没有彻底改变这一利益格局。“汉堡规则”则更多体现了广大发展中国家的要求，加大了承运人责任和对货主利益的保护，但由于加入国家较少，影响范围有限。“鹿特丹规则”同样体现了上述要求，并且将公约的适用范围延伸到国际多式联运全过程，对国际物流的发展无疑具有积极意义，但因牵扯多方利益，至今仍未生效。然而也应该认识到，随着科学技术的发展及国际物流一体化程度的提高，在海运以外的国际物流领域也建立统一规则，对于提高物流效率、促进国际贸易和维护各方利益都具有重要作用，这一趋势已受到越来越多的关注与讨论。

◎ 其他领域规则的发展

这一时期，其他物流领域的规则也在逐步建立和统一。航空运输虽然在国际物流中承担的运量较小，但也已形成统一国际规则，如1929年的《关于统一国际航空运输某些规则的公约》（又称“华沙公约”）、1944年的《国际民用航空公约》（又称“芝加哥公约”）、1999年的《统一国际航空运输某些规则的公约》（又称“蒙特利尔公约”）等。国际公路运输领域制定了《国际公路运输公约》（TIR），建立了一个联合国公约基础上的国际跨境货物运输领域全球性海关便利通关系统，但由于公路运距较短，在长距离的国际物流中应用较少，该公约的影响有限。铁路运输领域也制定了一些国际公约，主要以欧亚大陆的国际铁路联运为适用对象，后续章节将作详细介绍。

小结

本章基于前文四个维度的分析框架，重点梳理了从第二次世界大战结束到WTO多哈回合正式中止、2008年国际金融危机爆发的第二阶段经济全球化与国际物流的相互影响。

在治理结构维度，这一阶段的经济全球化虽结束了大规模的暴力冲突，可是大国之间的争霸仍在上演，超级大国依然在全球化中占据主导地位，但发展中国家地位也发生了明显变化，从被殖民统治、被迫“门户开放”转变为主动参与和积极融入全球化，资本仍旧是推动全球化的重要力量，但载体由军事武力变为跨国公司，通过投资与贸易自由化，调节着市场利益分配；国际物流资源受控于国际资本，跨国物流巨头竞争的背后无法摆脱母国势力的较量。

在空间格局维度，三次产业转移在全球形成了欧洲、北美、东亚三大生产网络，其中以中国为主体的东亚生产网络地位显著提升；国际物流方面，亚太物流市场加速扩张，新的国际航运中心在太平洋西岸快速崛起。

科学技术方面，第三次科技革命推动全球生产体系转向垂直化、专门化分工，产业链更加细分，供应链进一步延长，意味着物流环节显著增加；国际物流领域的集装箱革命，建立了从基础设施到技术装备、从操作流程到单证信息一整套标准化体系，大幅降低了国际物流成本，提高了物流时效，为全球化新的分工与生产组织方式提供了有力支撑。

规则体系方面，第二次世界大战后建立了国际政治经济新秩序，以WTO为代表的多边贸易体制为各国平等互利发展自由贸易创造了有利条件，跨国投资与贸易规模快速增长；海运物流领域的统一国际规则从建立到完善，使各方利益更加平衡，也为多边贸易的发展提供了支撑和保障。

LAND AND MARINE IN COORDINATION
International Logistics under
Radically Changed Globalization

05

第三阶段：从全球分工到区域合作、从利益失衡到互惠互利

本书将21世纪之初至今作为分析经济全球化与国际物流的第三个阶段，起点为WTO多哈回合正式中止和2008年全球金融危机爆发，目前这一阶段仍在推进之中。进入新世纪以来，国际治理体系面临重重矛盾，经济全球化进程遭遇波折，甚至出现了逆全球化浪潮，但绝大多数国家和地区都认同经济全球化带来的好处，如何推动变革，解决全球化中不断暴露的问题，达成新的均衡和取得新的发展成就，需要全人类的共同智慧。

追求多元共治与互利共赢的经济全球化

在上一阶段的经济全球化中，世界上大多数国家并没有完成工业化，南北国家分化，加之资本的回报率远高于其他要素的回报率，导致发达国家内部不同阶层贫富差距不断扩大，国际国内矛盾日益突出，发达国家基于自身利益强行推进贸易自由化是造成两极分化的重要原因之一。随着美国在全球霸权地位相对衰落，以及越来越多新兴经济体崛起并为全球经济增长做出巨大贡献，发达经济体之间、发达经济体与新兴经济体之间的均势已被打破，利益不均、地位不对等的第二阶段经济全球化亟待谋求新的出路。

治理结构——崛起的新兴经济体推动全球化共商共建共享

经济全球化进入当前阶段，已形成“你中有我、我中有你”的格局，各国之间依存度日益提高，利益共享的边界不断扩大，危机传导的范围也不断延伸，传统的全球化治理结构受到挑战。而且，全球化的收益本应被所有参与者共享，但部分发达国家习惯了早期对全球化的主导与利益瓜分模式，认为其他国家的发展损害了自身利益，于是重拾贸易保护主义，使全球化的矛盾与冲突不断加剧，自第二次世界大战以来形成的全球治理模式已无法应对当前矛盾和平衡人类共同利益、共同风险，新的治理结构正在形成之中。

◎ 新兴经济体崛起与“逆全球化”浪潮兴起

21世纪以来，以中国、印度等金砖国家为代表的新兴经济体深度参与全球化，实现了经济快速发展和国力显著提升，不仅改变着全球经贸格局，还在一定程度上动摇了西方国家的绝对主导地位。2000年至2010年，新兴经济体年均经济增长率超过6%，金砖国家整体年均增长率超过8%，其中，中国超过10%、印度超过7%、俄罗斯超过6%，远高于发达国家2.6%及全球4.1%左右的年均增长率。2010年，新兴经济体出口总量已占到全球的42%，比1970年提高了22个百分点，外汇储备占全球的2/3以上，其中，占世界土地面积近30%、人口约42%的金砖国家经济总量、贸易额已分别占到世界的约18%和15%。据IMF测算，从1990年到2010年，金砖国家对世界经济增长的贡献率从-0.6%上升到60%以上，而同期发达国家这一指标则由88.6%下降到约30%，新兴经济体已经成为拉动全球经济增长的火车头。

面对世界变局，西方国家对全球化的态度由积极推动转为消极对抗甚至百般阻挠。2008年国际金融危机使全球经济遭受打击，国际贸易占全球GDP的比重下降，世界经济增长乏力，部分国家和地区顺势将矛头指向全球化，称其为世界发展受阻的根源。在此背景下，英国“脱欧”、意大利修宪公投等“黑天鹅”事件接连发生，贸易保护主义、政治孤立主义等“逆全球化”思潮与行动开始大行其道。尤其是2016年特朗普在美国大选中获胜并就任总统之后，提出“让美国再次变得伟大”的口号，实施“全球收缩，美国优先”的经济政策，通过惩罚性关税和设置技术壁垒保护本国产业，放弃多边贸易协定，回归双边谈判，拒绝无偿或者低成本提供有效的全球公共产品，表明美国作为当今世界最强大的国家，已由多边主义转向单边主义，重拾贸易保护主义，为世界经济快速复苏与长期稳定增长蒙上了阴影。

◎ 中国提出推动构建人类命运共同体倡议得到广泛认同

中国和很多国家一样，在过去几十年间抓住经济全球化的历史机遇，经过不懈努力，也付出了高额成本代价，获得了经济社会长足发展，2010年跃升为世界第二大经济体，目前为全球第一大货物贸易国。中国为全球化和世界经济增长做出了巨大贡献，也深刻认识到全球化对本国经济发展和人类共同进步发挥着重要作用，是世界经济增长的强劲动力。经济全球化历史大势不可逆转，但也应该认识到这是把“双刃剑”，在推动人类社会发展的同时，也带来诸多问题与挑战，各国在共享“一荣俱荣”的利益，也在共担“一损俱损”的风险。2019年底，COVID-19疫情在不到3个月的时间内蔓延全球，不仅对生命健康造成极大伤害，也对世界经济形成巨大冲击，现有全球经济发展模式受到质疑，一些人开始担忧全球化的前景。然而，世界发展的问题既然不局限于一国之内，也不能凭借一国之力予以解决，需要各国通力合作共同应对。本着负责任大国的历史担当，中国发出构建人类命运共同体的倡议，提出了完善全球治理的“中国方案”，愿与世界各国携手合作，引领经济全球化朝着更加开放、包容、普惠、平衡、共赢的方向发展，获得国际社会的广泛认同。

空间格局——区域经济一体化与三大生产网络独立性提高

第二阶段全球化形成了欧洲、北美、东亚三大生产网络，随着世界经济治理结构的改变，全球化空间格局也在发生变化，区域经济一体化趋势愈加明显。特别是COVID-19疫情席卷世界以来，全球深度嵌合的国际供应链遭受了前所未有的危机，供应链多点布局、就近布局或将成为许多经济体未来的选择，国际生产与贸易网络格局正在加速调整。

◎ 新一轮自贸区建设推动区域经济一体化

2008年国际金融危机以来，全球兴起新一轮自由贸易区建设热潮，已经形成了几乎涵盖各国、涉及多领域、交叉重叠的自贸区网络，超过60%的国际贸易通过区域自贸协定完成。各国以自贸协定为基础，调整本国经贸政策及发展战略，深化区域经济合作，区域经济一体化成为全球经济发展的新增长点。麦肯锡全球研究院研究显示，2013—2017年区域内货物贸易占全球货物贸易的比重增长

2.7个百分点，其中亚洲地区和欧盟的增长尤为迅速，全球价值链呈现出区域化属性加强、全球化属性减弱的态势。从不同经济体的行动来看，美欧加快了区域经贸合作进程，发达经济体主导的区域经济一体化趋势更加明显，发展中国家也在积极参与区域经济一体化，相互之间的货物贸易占全球货物贸易的份额（“南南”贸易和“中南”贸易）从1995年的8%增长到2016年的20%，南南自贸区加速发展，亚太地区成为自贸区建设的新热点，各国围绕亚太地区经济合作主导权的争夺日益激烈。随着自贸区建设进程日益加快、合作范围不断扩大、一体化程度逐步加深，各成员国国内贸易投资自由化、贸易结构优化得到促进，资本、技术、服务等生产要素的流动与组合方向正在发生改变，对全球经济贸易规则和世界经济格局产生重大影响，全球供应链也在按照新的生产体系与市场格局重新配置资源。

◎ 欧洲、北美、亚洲三大生产网络独立性提高与结构调整

2008年金融危机之后，全球正面临新一轮产业转移。首先，受劳动力成本及土地、资源、环保等综合性成本上升的影响，中国传统制造业比较优势下降，而东南亚、南

亚等地区劳动力资源丰富且成本较低，相关国家实行优惠政策，扩大对外开放，吸引国际投资，而中国也在“一带一路”倡议下，积极主动寻求与沿线国家和地区的产能合作，客观上形成了一些劳动密集型产业、资源型产业从中国向这些地区的转移，还有一部分从中国东部沿海向内陆地区的产业转移。其次，受自动化、机器人、人工智能等新技术广泛应用的影响，“机器替代人”使劳动力成本在生产成本中的占比下降，一些技术含量高、以欧美为主要销售市场的中高端制造业部分回流到了美日及欧洲发达国家。再次，区域性贸易互动加强提升了区域内产业链合作水平和产业配套能力。在北美，美墨加协定旨在重塑以美国为主导、北美经济圈为核心的供应链和生产体系；在欧洲，德国提出把制造业在本国经济总量中的占比从23%提高到25%以上，这意味着提高工业品本地生产能力；在亚洲，中日韩与“东盟10+6”[1]合作深入推进，东亚生产网络扩围形成中日韩主导、东盟10国及印度等其他亚洲国家参与的亚洲经济圈供应链体系。总体而言，这一轮产业转移使欧洲、北美、亚洲三大生产网络分别得到加强，各自独

[1] 东盟10国和中国、日本、韩国、澳大利亚、新西兰、印度6个对话伙伴国，即参加RCEP谈判的16个国家。

立性提高，内部分工进一步细化，联系更加紧密。

◎ 后疫情时代的国际供应链格局调整

2019年底，中国暴发COVID-19疫情，引起全球供应链连锁反应，引发一些产业将从中国移往其他国家以分散风险的讨论。其实关于全球供应链解体与重构的讨论之前就已受到关注，随着中美贸易摩擦不断升级，有人担心中国将失去全球制造业中心地位，但也有不同声音。施展（2020）认为，“在今天的全球经济逻辑之下，仅仅转移工厂而不转移供应链网络，构不成实质意义上的转移”，他通过对越南的调研发现，中国正在向外转移的是生产流程中的某些特定环节，而非整个产业，由此形成了中国与东南亚国家之间一种深度嵌合关系，将其称为“溢出”更为恰当。事实上，中国在深度参与经济全球化的过程中，已经将全球供应链演化出一种新的模式，即在超大规模市场中形成高度专业化分工，随着分工不断细化，供应链层级不断增加，构建起一张供应链网络，而这张网络又为新企业的加入创造了完整的产业生态，也就是常说的中国具有产业配套齐全的巨大优势。在这张供应链网络中，每一个节点都对整张网络高度依赖，除非网络整体迁出，否则这种上下游的联系轻易不会切断。而网络整体迁出一来需要时间，二来也很难找到一个区域空间能够承接如此规模的网络，网络拆分造成的供应链成本上升又是企业难以承受的，甚至不能抵消上升的关税成本。因此，未来全球供应链如何演化、经济全球化呈现何种格局都很难判断。

随着疫情全球蔓延，许多国家采取了严厉的管控措施，工厂停工，商店停业，多个机场、港口被关闭，航班停飞、航线停航，全球生产、消费、贸易、物流都牵扯其中，几乎没有哪一个供应链节点是安全可靠的。各国疫情仍在持续，而中国最早控制了国内疫情并恢复生产，为全球抗疫和经济社会运转提供了强力支持，显示出中国生产网络与供应链体系的韧性与抗冲击能力。而且在此次疫情中，中国的生产、流通与物流企业为抗击疫情、保证物资供应，携手开展了一次全球大规模操作实践，从疫情初期全球采购防疫物资供应国内，到疫情全球蔓延之后，在国际供应链中断、物流停摆的情况下，依靠自身的生产与物流组织能力、全球资源调配能力，向国外提供物资援助与产品供应，也让世界看到了中国的担当与实力，或将稳定甚至增强跨国企业在中国进行供应链布局的信心。

科学技术——工业4.0与新一代信息技术的发展

随着以数字制造、人工智能、增材制造和可再生能源等为主要内容的第三次工业革命进入深化期，全球正在开创新的科技时代。2013年4月，德国在汉诺威工业博览会上率先正式提出工业4.0概念，核心目的是通过提高德国工业的竞争力，在新一轮工业革命中占领先机。这一概念得到广泛认同，其他国家和一些跨国企业也提出类似战略或发展计划，如美国国家战略中的“再工业化”、通用电气主导的“工业互联网”、日本的“工业振兴”战略，以及“中国制造2025”“互联网+”等，代表新一轮工业革命的工业4.0已成为许多国家共同的工业发展愿景。工业4.0与工业发展的不同阶段相对应，其中，工业1.0到3.0分别对应于三次工业革命的蒸汽机时代、电气化时代和信息化时代，工业4.0则是利用信息化技术促进产业变革的时代，即智能化时代。从第三次工业革命开始，计算机、互联网等信息技术的发展已经历了半个多世纪，这些技术被广泛应用于生产生活各个领域。工业4.0以信息物理系统（CPS）的应用为标志，将“物及服务联网”扩展到制造业领域，对产业组织形态及其运行方式产生深远影响，许多工作岗位将被机器人取代，一些劳动密集型产业将变为技术与资本密集型产业，进一步改变全球产业分工格局。此外，大规模生产或将转向大规模定制和个性化制造，企业规模呈现两极化发展，产业组织趋于结构扁平化、网络化，全球供应链与产业竞争范式也将发生新变化。

规则体系——新型经贸规则正在构建之中

WTO是第二阶段经济全球化最具代表性的合作平台，其前身GATT是第二次世界大战以后建立的全球最广泛、最重要的多边贸易体制，曾经进行过8轮多边贸易谈判，为推动全球贸易自由化进程发挥了重要作用。然而随着成员国的增加，成员之间发展的不平衡性与差距逐步显现，加快国际贸易体制改革成为迫切需求。

◎ WTO多边贸易体制面临挑战

WTO自成立之日就致力于启动新一轮谈判，进一步完善多边贸易体制。经过各方不懈努力，2001年11月，在卡塔尔首都多哈举行的第四届WTO部长级会议上决定正式启动谈判，被称为“多哈发展议程”或“多哈回合”。相比以往各轮谈判，这是包括议题范围最广、参加成员最多的一轮多边谈判，为国际贸易制定了积极的改革计划，目标是在全球范围内达成一个统一的贸易协定。但由于发达国家和发展中国家在农业政策问题上陷入僵局，多哈回合在历经多次谈判无果后，于2006年7月22日正式中止。2013年12月7日WTO第九届部长级会议发表《巴厘部长宣言》，达成“巴厘一揽子协定”，多哈回合谈判12年僵局获得零突破。然而这个包含贸易便利化、农业、棉花、发展和最不发达国家4项议题、共10份文件的一揽子协定，距离涉及160个谈判方和21个谈判议题的多哈回合达成最终协定仍有遥远距离，WTO多边贸易体系依然身处困境。2019年底，WTO上诉机构因成员遴选程序启动受阻而陷入瘫痪，争端解决机制已无法有效运行，WTO面临前所未有的生存危机。还有一些发达国家认为WTO过于僵化，无法有效管理全球贸易体系，应废除“多哈回合”谈判机制，放弃面面俱到的大规模全球协定，并开始转向那些参与范围更小、谈判难度更低的贸易合作协定。

◎ 新的合作机制与平台不断涌现

WTO“多哈回合”谈判停滞不前，各种地区贸易机制或地区合作平台开始逐步兴起。截至2018年底，向WTO通报的区域贸易安排累计达到了467个，仍然有效的有291个，其中80%是在WTO成立以后谈判建立的。特别是在2008

年全球金融危机之后，若干个影响深远的巨型区域自由贸易区谈判相继启动，如跨太平洋伙伴关系协定[1]（TPP）、区域全面经济伙伴关系协定（RCEP）、跨大西洋贸易与投资伙伴关系协定（TTIP）、日本-欧盟经济伙伴关系协定（欧日EPA），以及国际服务贸易协定（TISA）等，被称为第二代自由贸易协定的新型区域贸易协议正在重构当今国际经贸规则。RCEP是一个由东盟主导，包括中国、日本、韩国、印度、澳大利亚、新西兰等16国在内的区域经济一体化合作机制，将努力建设世界上涵盖人口最多、成员构成最多元化、发展最具活力的自贸区，该协定已于2020年11月正式签署[2]。TTIP是美国和欧盟双方推动的全面、高水平

[1] 前身是跨太平洋战略经济伙伴关系协定（Trans-Pacific Strategic Economic Partnership Agreement，缩写TPSEP，也称P4）。由亚太经合组织成员国中的新西兰、新加坡、智利和文莱四国发起，从2002年开始酝酿的一组多边关系自由贸易协定，原名亚太自由贸易区，旨在促进亚太地区的贸易自由化。2009年11月，美国宣布参与谈判，此后澳大利亚、日本、韩国等国家相继加入，成员国达到12个，并于2016年2月正式签署协定。但2017年1月美国正式退出TPP，同年11月，由11国签署新的自由贸易协定，新名称为“全面且先进的TPP”（Comprehensive Progressive Trans-Pacific Partnership，缩写CPTPP）。

[2] 2020年11月15日，第四次区域全面经济伙伴关系协定（RCEP）领导人会议以视频方式举行，会后东盟10国和中国、日本、韩国、澳大利亚、新西兰正式签署了《区域全面经济伙伴关系协定》。

自贸协定，由于门槛过高，有可能增加包括中国在内的发展中国家参与全球化的成本，甚至形成战略挤压。但是正如中国商务部新闻发言人所说的，从长期来看，在经济全球化背景下，任何一个多边贸易安排都无法将非协定国家和地区完全排除于国际贸易体系之外，否则其自身发展将大为受限。

◎ 后疫情时代探索国际经贸新规则

近年来，国际经贸规则面对新型贸易方式特别是依托互联网技术发展起来的电子贸易也显示出诸多不适应性，COVID–19疫情的发生对经贸规则将产生进一步影响。早在2016年，中国阿里巴巴集团便呼吁建设世界电子贸易平台（eWTP）[1]，创建一个互联网时代的全球贸易规则，通过促进公私对话，为跨境电子商务的健康发展营造切实有效的政策和商业环境，帮助发展中国家、中小企业、年轻人更方便地进入全球市场、参与全球经济。疫情蔓延以后，阿里巴巴旗下的菜鸟网络在欧洲多国陆续断航的情况下，

[1] eWTP是中国电商巨头阿里巴巴提出由私营部门引领、市场驱动、开放透明、多利益攸关方参与的国际交流合作平台，聚焦四个目标：促进普惠贸易发展、促进小企业发展、促进消费全球化和促进年轻人发展。

包机将援助物资运抵列日机场——比利时与阿里巴巴携手打造的eWTP枢纽，使eWTP受到越来越多的关注与认可，也为后疫情时代中国更多主导和参与制定全球经贸规则奠定了基础。

区域物流合作加深与国际物流多元化发展

经济全球化的第三阶段，国际供应链重构或将迎来第五次产业转移。东南亚、南亚、中亚、西亚、非洲及中国广大中西部地区等都具备承接产业转移的不同优势，也存在各自瓶颈，同时，经济发展水平的提高也带动发展中国家市场规模壮大，深化区域合作、加强产业分工与扩大市场开放、携手应对贸易保护主义给全球经济发展带来的不确定性影响，成为发展中国家的共同诉求。在寻找全球化新方向、新路径的过程中，随着不同国家与地区之间合作方式、重点的转变，国际物流格局正在面临新一轮调整。

治理结构——国际物流面临资源重新配置与市场重构

通道、枢纽、网络、运力、货源等都是支撑国际物流运行的重要资源，这些资源在经济全球化的各个阶段由于治理结构的不同而以不同的方式进行分配，当经济全球化进入新的历史阶段，国际经贸格局与治理结构面临新一轮调整，必然引起国际物流资源的重新配置，产生新的配置方式与配置结果，并重塑市场格局。

◎ 发展中国家在国际物流体系中的地位与贸易份额不匹配

自20世纪60年代起，发展中国家通过承接美日及欧洲发达国家产业转移，开始加速融入经济全球化，在国际商品贸易中所占份额不断提高。2016年，发展中国家占全球商品贸易进、出口额的比例分别达到44.0%和47.2%[1]，与发达国家越来越接近。然而，作为商品贸易的重要载体，国际物流却一直由发达国家主导，其中，欧盟与美国位居全球运输服务出口国（地区）的前两位，2018年分别占全球份额的43.4%和9.1%，以发展中国家为主的亚洲，2018年货物贸易出口额已占到全球的35.5%，但运输服务贸易出口额却只占到全球的24.7%（见图5-1），其中作为全球

[1] 资料来源：根据United Nations发布的2016 International Trade Statistics Yearbook数据计算。

第一大货物贸易出口国的中国，运输服务贸易出口额仅占全球的4.2%，约2/3的出口货物由他国承运。

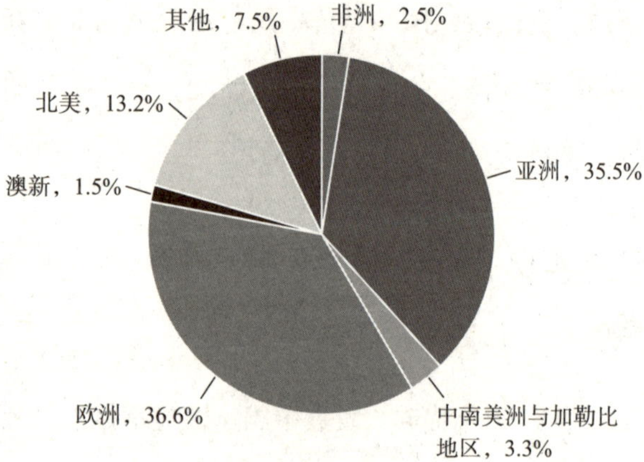

（a）货物贸易出口

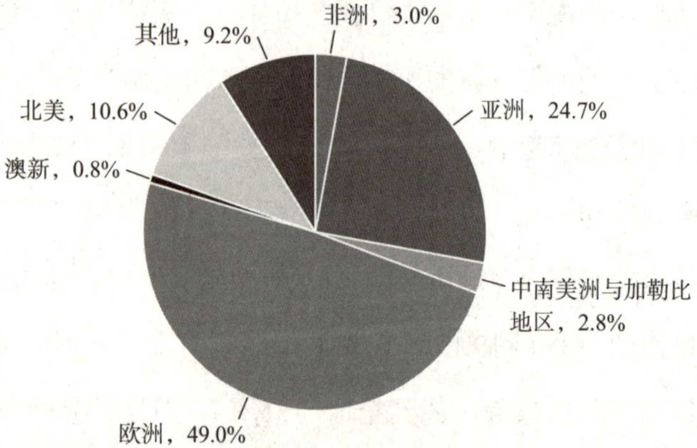

（b）运输服务贸易出口

图5-1　2018年分地区货物贸易与运输服务贸易出口额比例

资料来源：根据WTO数据计算。

从船舶拥有情况来看，发达国家船舶总吨位占全球的比重约2/3，其中载重吨位位居世界前15位的船队，除中国、中国香港和中国台湾以外，全部属于发达国家和地区（如表5-1所示）。全球前15大集装箱班轮公司除来自中国、中国香港和中国台湾的5家公司以外，其余10家也全部来自发达国家和地区，总箱位数占全球市场的比重超过50%（如表5-2所示）。欧洲在集装箱运输领域占据绝对优势，德国是集装箱船最大的船主国，2018年按箱位计算的市场份额高达20.2%，法国、丹麦、瑞士集装箱船队平均载箱量均超过了6000TEU，并且拥有全球最大的三家班轮公司，合计运力占全球的37.7%。近年来，班轮运输业以并购及组建班轮运输联盟的方式加快整合，而且船舶大型化趋势日益明显，取得了规模经济效益，降低了国际物流成本。然而寡头垄断的市场结构对那些国际物流市场规模小、自身服务供给能力弱的发展中国家也产生了不利影响，一些国家只由少数承运人提供服务，对于航运、港口的议价能力均处于不利地位，能够获取的服务可靠性、稳定性出现下降，如2018年为苏丹、索马里、古巴等国家提供班轮运输服务的承运人数量较前一年分别减少了55.5%、16.7%和14.3%。

表5-1

2019年全球商船队按载重吨排名情况

排名	国家或地区	船舶数量（艘）	载重量（千吨）	载重吨占全球比重
1	希腊	4536	349195189	17.8%
2	日本	3822	225121215	11.5%
3	中国	6125	206301032	10.5%
4	新加坡	2727	121485648	6.2%
5	中国香港	1628	98128318	5.0%
6	德国	2672	96532360	4.9%
7	韩国	1647	76701517	3.9%
8	挪威	2038	61115099	3.1%
9	美国	1975	58377706	3.0%
10	百慕大	532	58232207	3.0%
11	中国台湾	1005	51091107	2.6%
12	英国	1327	48673337	2.5%
13	丹麦	980	43004271	2.2%
14	摩纳哥	448	42277013	2.2%
15	比利时	298	30166459	1.5%
—	全球	51684	1962582040	100.0%

资料来源：United Nations. Review of Maritime Transport 2019.

表5-2

截至2018年6月1日全球前15大班轮公司

排名	公司名称	总部所在地	船舶数量（艘）	箱位数（TEU）	箱位数占比
1	马士基	丹麦	700	3879439	15.3%
2	地中海航运	瑞士	473	3118108	12.3%

续表

排名	公司名称	总部所在地	船舶数量（艘）	箱位数（TEU）	箱位数占比
3	达飞轮船	法国	476	2554264	10.1%
4	中远海运	中国	330	1972491	7.8%
5	赫伯罗特	德国	217	1550874	6.1%
6	日本海洋网联船务	日本	228	1536312	6.1%
7	长荣海运	中国台湾	200	1110708	4.4%
8	东方海外	中国香港	99	689986	2.7%
9	阳明海运	中国台湾	100	609749	2.4%
10	太平航务	新加坡	132	413334	1.6%
11	以星综合航运	以色列	83	398926	1.6%
12	现代商船	韩国	65	382144	1.5%
13	万海航运	中国台湾	100	255082	1.0%
14	X-Press Feeders	新加坡	89	126715	0.5%
15	高丽海运	韩国	57	124460	0.5%
—	小计	—	3349	18722592	74.0%
—	全球合计	—	8163	25290013	100.0%

资料来源：United Nations. Review of Maritime Transport 2018.

进入新世纪，国际资本参与全球港口、物流网络建设运营的趋势进一步加强，尤其是航运公司投资、参股集装箱码头运营，已经对港口特许经营权的竞争产生影响。一方面，航运公司的参股经营为港口带来稳定货源，另一方面，港口监管机构为了保证码头服务的公共开放性与无差别服务品质，而倾向于将码头经营权授予独立码头运营商，国际物流领域相关利益方的关系越来越复杂。而且，近年来船舶大型化趋势愈加明显，单船装载量和单次装卸量增加造成航运总班次减少，如2017年全球集装箱船每次靠泊港口平均装卸箱量较前一年增长了9%，这意味着船舶靠港次数将相应减少。另外，全球班轮航运业整合加速，超大型公司与超大型联盟在国际市场中的主导性增加，如根据上海国际航运研究中心（2017）的研究，由于航运联盟成员对巴生港船舶靠泊施加限制，导致其当年吞吐量减少，与此同时，将新加坡港和丹戎帕拉帕斯港确定为关键靠泊港，两港当年吞吐量分别增长了8.2%和3.4%。这些变化趋势都使得全球港口之间的竞争更加激烈，枢纽港地位进一步凸显，国际资本在全球物流市场中的角力愈加白热化。

◎ 新兴经济体崛起将重塑国际物流治理结构

随着全球化向前推进，国际物流资源与市场的主导权由霸权国家转移到跨国资本，但国家实力在全球物流格局中的作用依然存在，甚至进一步加强。正如金碚（2016）所指出的："经济全球化中的国际竞争主体，并非经典经济学论证自由贸易合理性时所假设的'原子'式厂商，而是在一定地缘政治格局中具有不同‘国籍’的商家，背后拥有截然不同的‘母国势力’，使其在全球化竞争中表现为非常不同甚至是力量极为悬殊的市场势力差距。”随着新兴经济体在全球化中地位相对上升，由“母国势力”主导的国际物流格局也在发生变化。联合国贸易和发展会议（UNCTAD）指出：“一种新的贸易地理格局正在形成并重塑全球经济面貌。这种新的地理格局彰显了发展中国家或南半球国家日益重要的地位。”这种变化在港口码头领域已经出现，尽管发达国家市场地位依然强势，但发展中国家崛起势头也十分明显，尤其是在市场份额方面增长加快，全球前十大码头运营公司有6家属于发达国家，市场份额为32.2%，另外4家公司分别为中国内地2家、中国香港与阿联酋各1家，总的市场份额达到了37.3%（见表5–3）。可见，这一轮国际物流治理结构的调整正在受到新兴经济体崛起的深刻影响。

表5–3

2018年全球十大码头运营商吞吐量及市场份额

排名	公司名称	总部所在地	吞吐量（万TEU）	市场份额
1	中远海运	中国	10580	13.5%
2	和记黄埔	中国香港	8260	10.5%
3	新加坡港务集团	新加坡	8010	10.2%

续表

排名	公司名称	总部所在地	吞吐量（万TEU）	市场份额
4	A.P.穆勒	丹麦	7860	10.0%
5	迪拜环球	阿联酋	7000	8.9%
6	地中海航运	瑞士	4770	6.1%
7	招商局港口	中国	3450	4.4%
8	达飞	法国	2560	3.3%
9	欧洲门户	德国	1370	1.7%
10	西雅图港	美国	1260	1.6%
—	小计	—	55120	70.2%
—	全球	—	62660	100.0%

资料来源：United Nations. Review of Maritime Transport 2018.

空间格局——国际物流需求在部分区域内较快增长

新一阶段全球化中，广泛参与的大规模贸易协定遭到一些国家的反对，CPTPP、RCEP、TTIP等一些参与范围更小的区域贸易协定不断涌现，很多已付诸实践，区域经济一体化、贸易自由化的进程加速推进，将催生更多、更广泛的区域物流合作需求，推动国际物流向区域化、集聚化方向发展。

◎ 国际商品贸易额与物流量波动上升

20世纪60年代以来，全球货物贸易进入快速扩张周期，期间虽有波动，但总体呈现高速增长态势。进入全球化第三阶段，国际货物贸易虽然整体也表现为继续增长趋势，出口总额由2006年的12.1万亿美元增长至2018年的19.5万亿美元，年均增长4.0%（见图4–1），但短短不到20年的时间里，出现了两次大幅波动，分别是2009年和2015年，当年全球出口贸易额分别下降了22.3%和12.9%。同期国际海运量也较快增长，装载量由77.0亿吨增长至110.0亿吨，年均增长3.0%，同时出现了一定的波动，但相比于贸易额的波动幅度要小得多（如图5–2所示）。由于国际物流显示的是实物量，不受商品价格影响，因此可以判断，虽然近年来全球经贸合作受到贸易单边主义、保护主义影响和“逆全球化”浪潮冲击，经济全球化依然在曲折中向前推进，各国与地区之间的贸易规模还在进一步增长，但风险与不确定也在显著增加。

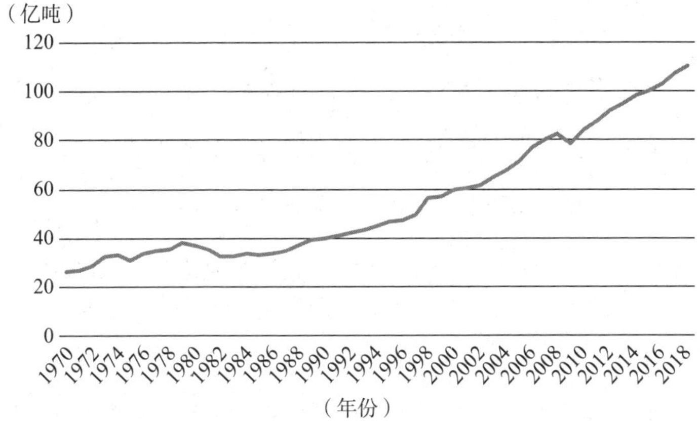

图5–2　1970—2018年全球海运货物装载量

资料来源：United Nations Conference on Trade and Development.

◎ 自贸区建设对区域内国际物流的影响还未充分显现

全球兴起的新一轮自由贸易区建设热潮无疑将对区域内贸易自由化、投资便利化发挥有力推动作用，欧洲、北美、东亚三大生产网络的独立性将进一步提高，也就是说一些原本在全球范围内配置资源、开展分工协作的产业，或将把产业链、供应链在区域合作的基础上进行重构，区域内的国际物流量将因此快速增长。但由于很多新型自贸协定的正式签署都是近三年左右的事情，其效果还没有完全显现，但就区域物流发展情况来看，已呈现出高于整体的增长速度。丹麦船舶融资公司（2016）数据显示，欧洲区域内海运集装箱货物进口量占欧洲进口总量的比重从2007年的60%增长至2015的65%，“有人认为欧洲正在转向区域内和接近终端市场采购货物”。据UNCTAD估算，2007年至2014年间，集装箱贸易在非主要航线上增长迅猛，跨太平洋、亚欧和跨大西洋三大主要航线上集装箱贸易量仅增长了9.0%，而同期区域内航线、次要东西航线[1]、南南航线[2]

---

[1] 指西亚和印度与欧洲、北美和东亚的次大陆之间的贸易航线。

[2] 大洋洲、西亚、东亚、撒哈拉以南非洲和拉丁美洲之间的贸易航线。

与南北航线[1]等非主要航线总集装箱运量增长了45%。2014年至2018年，区域内集装箱贸易航线也呈现出较为稳定的增长（表5-4）。2018年区域内航线贸易量增长速度大幅下降主要是由于西亚—南亚和拉丁美洲内部贸易航线均出现了负增长。

表5-4

2014—2018年全球各集装箱航线贸易量增长情况

单位：%

航线		2014—2015年	2015—2016年	2016—2017年	2017—2018年
跨太平洋	东向	7.9	4.4	6.7	7.0
	西向	-2.0	6.6	-0.5	0.9
亚洲—欧洲	东向	1.4	6.3	4.1	-1.3
	西向	-2.6	2.5	6.9	5.7
跨大西洋	东向	-2.4	0.4	7.9	5.8
	西向	5.6	2.9	8.3	6.8
区域内		3.2	5.2	6.2	1.8
南南		-3.1	0.3	7.6	2.4
东西非主要		5.1	3.4	5.8	-0.8
南北		0.3	-0.1	5.3	1.1

资料来源：UNCTAD. Review of Maritime Transport 2017&2019.

[1] 指大洋洲、撒哈拉以南非洲以及拉丁美洲与欧洲和北美之间的贸易航线。

◎ 泛亚区域内物流需求增长较快

第二阶段经济全球化亚太地区物流市场扩张主要得益于日本、亚洲四小龙、中国等国家和地区相继承接欧美产业转移，使得跨区域国际物流需求增长加快。近年来，以中国、印度、东盟等为代表的亚洲地区新兴经济体快速崛起，相互之间的区域内合作更加紧密，包括亚洲及澳新地区的泛亚区域内跨国投资与贸易合作上升态势尤为明显，国际物流规模进一步提高。2006年至2018年，世界海运贸易中亚洲与大洋洲货物总装卸量的比重由49.9%增长至58.8%（图5-3），其中，中国与澳大利亚之间铁矿石贸易量的大幅增加是带动区域物流量增长的重要因素。从货物的流量流向来看，亚太地区也是最主要的增长区域。占全球国际物流量60%左右的大宗商品物流呈现向亚太特别是东亚地区集聚态势，中国对资源型产品的国际物流需求增长尤其值得关注（图5-4）。2008年国际金融危机以来，全球集装箱贸易增长速度明显放缓，但亚洲区域内贸易活动日趋活跃，带动相关物流量较快增长，2016年和2017年亚洲区域内航线集装箱运量分别提高了5.6%和6.7%，高出同期全球国际集装箱总运量增速1.1和0.9个百分点，显示出该地区相对旺盛的区域物流需求。亚洲区域内国际物流

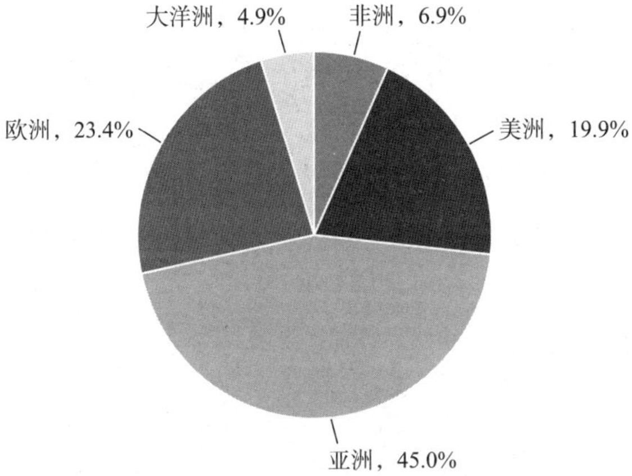

（a）2006 年

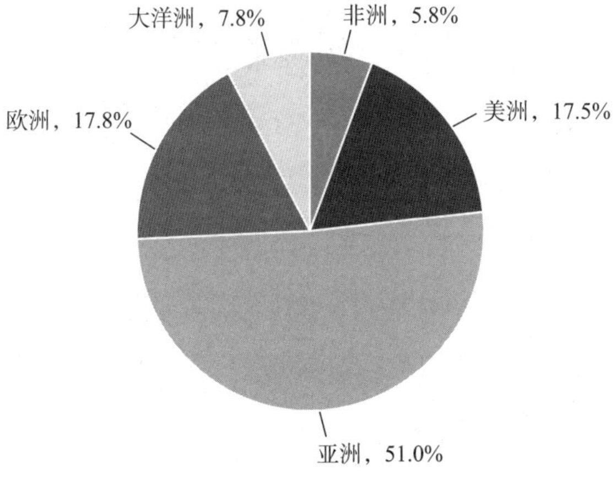

（b）2018 年

图5-3　2007年和2017年世界海运贸易装卸货量分区域比重

资料来源：根据UNCTAD数据计算。

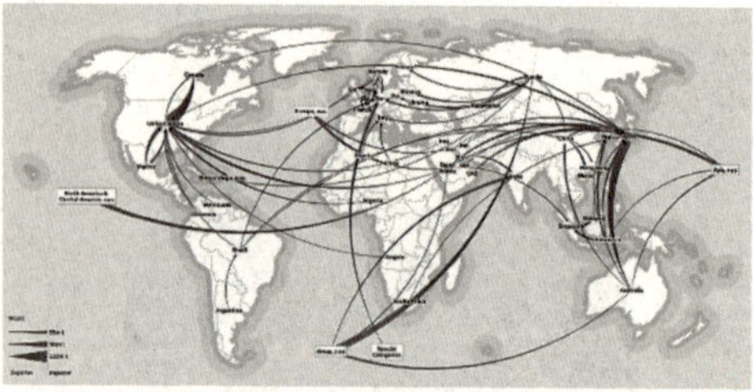

（a）2000年

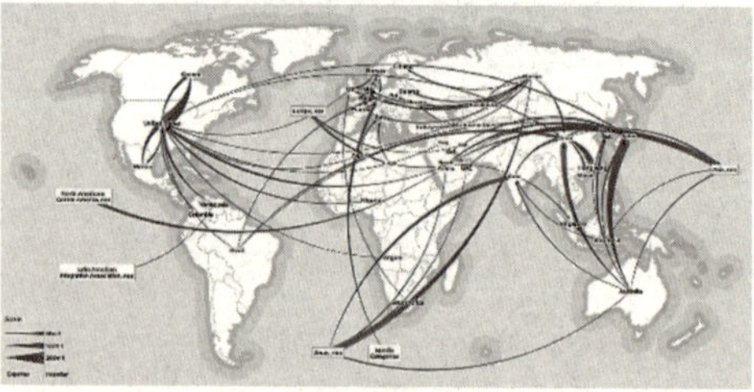

（b）2005年

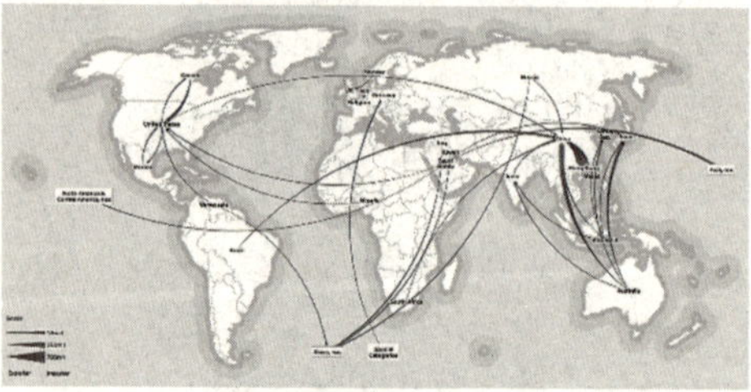

（c）2010年

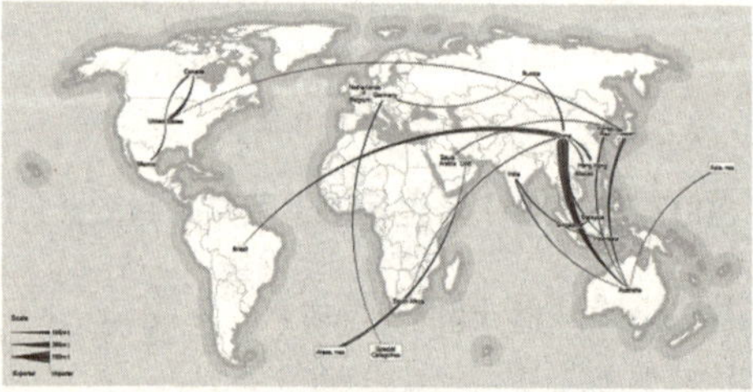

（d）2018年

图5-4　2000—2018年全球大宗物资流量流向示意图

资料来源：The Royal Institute of International Affairs Chatham House.

量快速增长与中国积极参与经济全球化和主动推动区域产能贸易合作密切相关，UNCTAD评论：“区域内贸易不断取得市场份额，因为在涉及中国及其亚洲邻国的中间货物和价值链流动的驱动下，亚洲内集装箱贸易快速增长。”此外，印度次大陆内外的集装箱贸易航线也出现了较快增长。

◎ 海陆空多元化国际物流方式快速发展

从大航海时代开始，经济全球化的物流载体一直以海运为主，直到今天，这一总体格局依然没有发生根本性改变。但是，随着市场需求的多元化发展及各种运输方式的技术进步，海陆空多元化的物流格局和各种运输方式多式联运的物流模式也得到快速发展，特别是随着区域经贸合作在全球化进程中热度不断提高，区域内铁路、公路等跨境陆路物流成为一种重要方式。尽管相比于海运低成本、大运量的显著优势，陆路物流的市场空间还十分有限，在国际物流体系中目前也只能发挥补充性作用，但对于丰富国际物流格局，改变以海运为主的国际经贸规则体系，仍然具有重要意义。

（1）国际海运物流的发展

海洋覆盖了地球71%的面积，曾经是阻断洲际之间相互联系的天然屏障，现在已经成为各国贸易往来的重要通道，国际贸易额的70%和物流量的90%都要依靠海运来承担。海洋的空间虽然广阔，但真正作为实际航运线路的区域却十分有限，一方面是因为一些区域的海洋环境较为恶劣，为船舶运输带来较大的不确定性与危险性，另一方面是因为很多海域远离大陆经济活动中心，不能给船舶提供补给与安全保障，也缺乏有效的物流需求，因此，在大航海开辟洲际远洋航线及一些重要运河开通之后，国际海运的基本格局一直没有发生太大变化，主轴线是环赤道运输通道，通过苏伊士运河、马六甲海峡和巴拿马运河将北美、欧洲和亚太地区连接起来。

在海运贸易中，大宗商品物流量占到60%以上，其中原油、石油产品、天然气等液体散货和铁矿石、粮食、煤炭等干散货各占30%左右，这些大宗商品的国际海运通道相对固定。美国能源部在1999年列出了六大“世界石油运输咽喉”，分别是马六甲海峡、苏伊士运河、巴拿马运河、霍尔木兹海峡、博斯普鲁斯海峡和曼德海峡，这六条通道的石油运输总量超过全球石油运输总量的40%；煤炭海运通道主要是从大洋洲、东南亚至东亚、南亚等地区；铁矿石的海运通道主要为澳大利亚、巴西至中国，占到全球铁矿石运量的60%；粮食出口主要由美国等少数国家主导，进口相对分散，主要海运通道是从南北美洲到亚洲。国际集装箱海运贸易量大约占总量的近20%，航线以东西航线为主，其中跨太平洋、亚欧和跨大西洋三大主要航线的运量占到全球集装箱运量的40%，其他非主要航线包括区域内航线、东西非主要航线、南南航线与南北航线，2018年运量份额分别为27%、13%、12%和8%，虽然运量规模相对较小，但增长速度较快。

（2）国际大陆桥运输的发展[1]

大陆桥运输最早出现于1967年，当时由于苏伊士运河封闭、航运中断，而巴拿马运河又堵塞，远东与欧洲之间的海上货运需绕航非洲好望角或南美，航程距离和运输时间大幅增加，加上油价上涨，航运成本猛增，而此时集装箱运输已经兴起，货物在不同运输方式之间转运较以往更加安全、高效、便捷，于是利用横贯美国东西海岸的铁路，将远东至欧洲的货物通过“水—铁—水”多式联运的方式运送，大陆桥运输应运而生。经过几十年的发展，大陆桥运输已经形成一定规模，并且演变出小陆桥（Mini-bridge）[2]和微桥（Micro-bridge）[3]等不同

[1] 大陆桥运输（Land Bridge Transport）是集装箱运输开展以后的产物，指利用横贯大陆的铁路或者公路运输系统作为中间桥梁，把大陆两端的海洋连接起来的集装箱多式联运。

[2] 运输组织方式与大陆桥运输相似，但运送货物的目的地为沿海港口。

[3] 运输组织方式与大陆桥、小陆桥运输基本相似，但交货地点在内陆地区。

形式，在国际物流中的作用也不断提升。由于需要一定的支撑条件，比如横贯大陆的高效陆路运输系统，而很多地区并不具备，因此，大陆桥运输在全球的应用范围还较为有限，主要应用于北美与欧亚大陆。其中亚欧大陆桥由于路线较长，经过的国家较多，且各国铁路轨距不统一，中间需多次换装，成本与效率优势并不明显，无论是运量规模还是在国际物流体系中的作用都相对较弱。"一带一路"倡议提出以后，区域内经贸往来日趋紧密，亚欧大陆桥运输也得到了新的发展，出现了新线路、新模式，提供的国际物流服务在不同国家和地区之间多元化产能合作中的支撑作用与服务优势逐渐显露，或将成为推动这一区域国际物流市场与规则重构的重要因素。相关研究将在后续章节重点论述。

（3）国际航空物流的发展

新一轮工业革命与科技革命推动全球产业升级与分工细化，国际供应链高附加值环节对物流服务的时效性、可靠性等要求不断提高，带动了国际航空物流的发展。在经历了2008年国际金融危机冲击之后，近年来，国际航空物流逐渐开始恢复并进入新一轮的快速增长阶段。2017年全球航空货运量达6150万吨，同比增长7.9%，创2008年以来的最大增长幅度（见图5-5），其中国际航空货运量占比接近87%，增长速度达到10.3%。从市场结构来看，亚太地区已经成为全球航空货运最大的市场，份额超过1/3，其次为北美和欧洲，占比均接近1/4（见图5-6）。

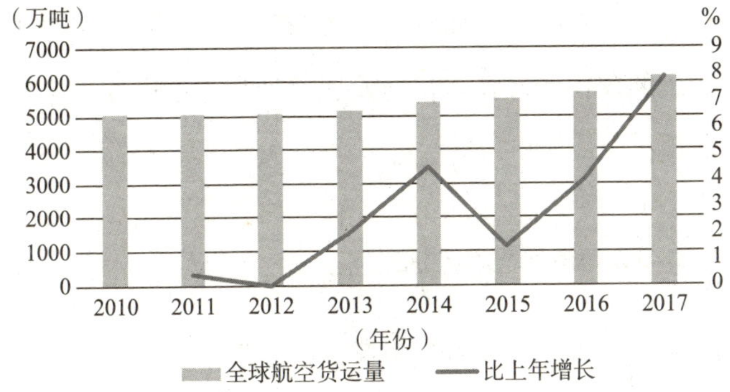

图5-5　2010—2017年全球航空货运量及增速

资料来源：IATA's Annual Review 2019.

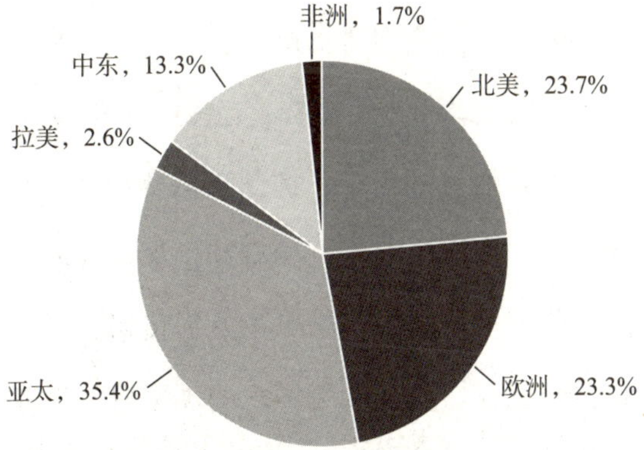

图5-6　2018年全球航空货运分区域比重

资料来源：IATA's Annual Review 2019.

科学技术——现代信息技术催生国际物流新业态新模式

进入新世纪，以互联网、物联网、云计算、大数据等为代表的现代信息技术快速发展，带来了各行各业的革命性变化，也包括国际物流领域。

◎ 国际市场结构调整变化

5G、工业互联网开启数字经济新篇章，人类社会进入工业4.0时代，主要包括三个主题：智能工厂、智能生产、智能物流，共同构建了制造体系的全新架构。国际生产组织网络与供应链体系都将因此发生改变，一方面可能通过提高生产率和连接效率促进国际贸易与航运的发展，另一方面也可能带来全球生产、消费、运输结构和模式的改变，减少对国际航运服务的需求，抑制海运贸易量。而在国际物流其他领域，由于工业互联网有利于深化区域产业分工合作，陆上物流需求或将迎来新的发展机遇，随着全球价值链的提升与重塑，满足高端需求的国际航空物流也有望得到快速发展。为适应这一变化，以港口码头运营商为代表的国际物流运营主体纷纷拓展全程物流服务，通过租赁铁路线、跨境收购铁路站场股权等方式，获得海铁联运中铁路运输的管理和运营权，并通过收购航运公司、物流公司等方式向产业链上下游延伸；一些航运企业将自身重新定位为更广泛的物流解决方案供应商，将业务范围扩大到内陆码头、仓库、报关等领域，如高达80%收入来自集装箱运输的马士基计划在未来几年内实现海运和非海运业务收入五五分成；航空公司也在考虑通过加强对内陆物流的控制，实现纵向一体化，并致力于提供综合服务，创造更多价值，国际物流市场结构日益多元化。

◎ 国际物流的数字化智能化

随着国际物流领域规模效应边际递减，对相关技术的开发应用能力变得日益重要。许多跨国公司正在积极开发综合信息技术基础设施，加快实现内部流程数字化和全程透明化，Xeneta[1]、Flexport[2]和Kontainers[3]等数字初创公司应

---

[1] 创立于2012年，总部位于奥斯陆，创建了“海运基准和市场情报”平台，从托运人和货代处获取海量集装箱运价数据进行分享，致力于为用户提供全球海运市场信息及运费和实际运输时间等操作数据，便于客户比较众包价格。

[2] Flexport，提供海陆空货运的透明化服务和经过授权的代理经纪人服务，客户可以像订机票一样通过软件预定货船、卡车、货运飞机等。《2019胡润全球独角兽榜》排名第84位。

[3] 英国的一家海运平台公司，为全球多个航运业顶级品牌企业提供网络订舱等互联网与软件服务。

运而生，信息技术在国际物流领域的应用已十分广泛。如在物联网方面，利用卫星信息和传感器产生的数据，连接设备、系统和机器，支持航线优化、资产跟踪和维护方面的知情决策，船舶自动离港、自动靠泊、航行远程控制等技术也在测试之中；使用大数据分析来减少进入港口和其他高流量区域时的中转时间和时间损耗，以缓解港口拥堵；利用区块链再增加一层安全保障，逐步减少数据的集中存储和集中处理，进而开展货物跟踪、实现端到端供应链可视化、记录船舶信息、整合智能合约和海运保险单、对单据归档和对文件进行数字化和自动化处理，开发不同类型的行业单一窗口，推广无纸化贸易等。此外，自主航行船舶、无人驾驶货运车辆、无人机等在国际物流领域也具有广阔前景，港口等物流枢纽正在由数字化推动的技术创新中迎来新一轮代际更替（见表5–5）。在现代信息技术快速发展的同时，由于网络效应有利于先行者和标准制定者，平台型经济“赢者通吃”的游戏规则可能造成的两极分化加剧问题也引起了各方关注，而且很多国家也不具备发展数字经济的基础设施与人才队伍，于是有人担心“发展中国家（尤其是最不发达国家）可能还没有充分准备好抓住数字化带来的机会和惠益”。但与此同时，现代信息技术发展或将导致国际贸易分散化，改变包括物流在内的生产性服务业全球供应格局，发展中国家也有望赢得新的战略空间。

表5-5

全球部分智能港口码头

港口	码头	自动化程度
澳大利亚布里斯班	集装箱码头，渔夫岛集装箱码头	半自动化
	渔夫岛8-10号泊位	全自动化
澳大利亚墨尔本	维多利亚国际集装箱码头	全自动化
澳大利亚悉尼	悉尼国际集装箱码头	半自动化
	布拉瑟森码头北	全自动化
比利时安特卫普	门户港	半自动化
中国青岛	新前湾	全自动化
中国上海	洋山港4期	全自动化
中国天津	北疆港	全自动化
中国厦门	远海集装箱码头	全自动化
德国汉堡	阿尔滕瓦尔德集装箱码头	全自动化
	布尔查凯	半自动化
印度尼西亚泗水	拉蒙湾和拍蒂卡马斯	半自动化
意大利瓦多利古雷	APM码头	半自动化
日本名古屋	飞鸟村码头南侧集装箱码头	全自动化
日本东京	大井5号码头	半自动化
墨西哥拉萨罗卡德纳斯	2号码头	半自动化
墨西哥图斯潘	港口码头	半自动化

续表

港口	码头	自动化程度
荷兰鹿特丹	德尔塔东、西专用码头，欧迈码头，世界门户码头及APM码头	全自动化
新西兰奥克兰	弗格森集装箱码头	半自动化
巴拿马科隆	曼萨尼约国际码头	半自动化
新加坡	巴西班让1、2、3、4号码头	半自动化
韩国釜山	釜山新港国际集装箱码头，新港公司，韩进新港公司和现代釜山新港	半自动化
韩国仁川	韩进仁川集装箱码头	半自动化
西班牙阿尔赫西拉斯	TTI码头	半自动化
西班牙巴塞罗那	南欧码头	半自动化
阿联酋迪拜	杰贝阿里港3、4号码头	半自动化
阿联酋阿布扎比	哈利法集装箱码头	半自动化
英国利物浦	利物浦2号集装箱码头	半自动化
英国伦敦	迪拜环球港务集团伦敦门户集装箱码头和泰晤士港	半自动化
美国长滩	集装箱码头	全自动化
美国洛杉矶	TraPac	全自动化
美国纽约	全球集装箱码头	半自动化
美国诺福克	弗吉尼亚国际门户码头	半自动化
中国台湾高雄	4、5号码头和高明货柜码头	半自动化
中国台湾台北	集装箱码头	半自动化

注：包括在建和规划。

资料来源：Drewry2018.

◎ 跨境电商物流蓬勃兴起

20世纪90年代中期，互联网得到商业应用以后，电子商务[1]作为一种以互联网为平台，对商品和服务进行展示、交易和结算的经济活动在美国首先出现，对生产组织、消费模式、流通渠道、分销网络及运输物流都产生了深远影响，2016年全球电子商务的交易额已近26万亿美元。跨境电子商务是指分属不同关境的交易主体，通过网络平台达成交易、进行支付结算，并通过跨境物流送达商品、完成交易的一种国际商业活动。与境内电子商务活动相似，跨境电商也分为B2B、B2C、C2C[2]等模式，其中B2B大多由面向生产领域的传统国际贸易转型而来，只是利用互联网平台促进了信息传播、供需对接、效率提升与过程透明化等，而通常所说的跨境电商新业态一般是指面向消费领域的B2C和C2C，尽管这部分业务市场份额还比较少。据

[1] 广义的电子商务是指利用互联网等电子信息工具从事的商务活动，而通常所说的电子商务是指其狭义概念，即网络销售，指交易双方通过互联网完成商品所有权的转移。

[2] 分别为Business-to-Business，Business-to-Consumer，Consumer-to-Consumer的缩写，分别指企业与企业之间、企业与消费者之间和个人与个人之间通过专用网络或Internet，进行数据信息的交换、传递，开展交易活动的商业模式。

UNCTAD（2017）估算，2015年此类跨境电商交易额约为1890亿美元，仅占全球网络零售市场份额的6.5%，但增长较快，高力国际（2017）预测2020年全球有45%的网络消费者从其他国家购买商品。跨境电商这一新业态的出现，改变了国际物流传统网络布局、市场结构与运作模式，带动了快递等物流新行业快速发展，有利于发展中国家发挥后发优势，缩小差距和实现赶超。

规则体系——适应区域物流发展的国际规则亟待建立完善

在经济全球化当前阶段，统一的国际海运规则已发展得较为成熟，从“海牙规则”到“海牙-维斯比规则”，再到“汉堡规则”，总体上以逐步加大承运人责任为演进路径。在“汉堡规则”中，双方权责义利已相对公平，未来是否还会进一步调整，在一定程度上取决于实力对比的变化。但“汉堡规则”的影响力明显不如前述两个规则，因此，总体而言，货方的利益还有改善空间。从前文关于这一阶段全球化中国际物流治理结构的分析可知，船方利益更多关系发达国家，但这并不能说明货方利益更多关系发展中国家，至少目前不是，因为在发达国家与发展中国家之间的商品贸易大多在进出口环节通过签订FOB、CIF[1]等不同贸易条款，将物流环节置于发达国家的掌控之下，即发达国家既是承运人，也是货主。随着发展中国家在国际贸易中份额的不断提高，以及南南合作进一步加强，发展中国家将更多地承担货主角色，同时，中国等发展中国家的承运人角色也在加强，其中的利益格局调整将更加复杂。

目前，陆上物流活动还没有建立统一国际规则，虽然“鹿特丹公约”已将国际海运规则扩展到国际多式联运全流程各环节，但至今仍未达到生效条件，陆路运输依然无法适用。然而，在陆域范围内制定国际物流统一规则并非易事。不同于远洋运输大部分国际航线位于公海，航空运输虽涉及一部分领空，但在非战时对国家主权的影响相对较小，而陆上运输几乎全部位于不同主权国家领土范围内，各方敏感性极高，利益协调难度也极大。而且，海运与空

[1] 二者均为国际贸易术语。前者为Free On Board，俗称“离岸价”，指船上交货（指定装运港），卖方必须在合同规定的装运期内在指定的装运港将货物交至买方指定的船上，并负担货物越过船舷以前为止的一切费用和货物灭失或损坏的风险；后者为Cost and Freight，俗称“到岸价”，指成本加运费（指定目的港），卖方必须在合同规定的装运期内，在装运港将货物交至运往指定目的港的船上，负担货物越过船舷以前为止的一切费用和货物灭失或损坏的风险，并负责租船订舱，支付至目的港的正常运费。

运具有点对点运输特点，除了在不同国家的港口挂靠、机场经停以外，中间物流过程几乎不涉及第三国，但陆上运输除邻国之间的贸易以外，都要经过其他国家，需要其他国家提供基础设施、运行条件等，不仅涉及多方的权利、责任、义务、收益等，还要协调各国国内法规、操作规程、设施装备技术标准等，需要逐一解决实操中的复杂问题。此外，参与国际海运与空运贸易的国家只需根据本国经济发展水平与贸易规模，建设能力与之对应的港口、机场等基础设施即可，但陆上物流涉及很多过境国，经济发展水平差异巨大，基础设施条件参差不齐，往往形成中间的物流瓶颈，如果按照过境运输需求配备设施装备，又超出了其本国现实需求，成本也难以负担，如何利用规则平衡各方利益，挑战可谓巨大。尽管困难重重，统一陆域国际物流规则依然符合经济全球化发展趋势，特别是在区域合作不断加强的背景下，区域内国际贸易对陆路物流的需求较以往明显提升，同时，由于域内国家参与程度的提高，对于改善设施、加强联通、统一规则的积极性也在提高。因此，现阶段较以往更有需求也更有条件推动陆域国际物流规则的制定与统一，作为一个几近空白的领域，谁来主导规则制定将变得意义重大。

此外，与前两阶段经济全球化不同，新阶段下的国际物流领域不仅仅要关注海上航行安全、船货双方利益等基本问题，还要考虑许多新的全球化因素与形势变化，比如气候问题、网络安全问题、金融结算问题等，需要构建一个更加复杂的规则体系。

小结

本章同样基于前文四个维度的分析框架，重点研究了自WTO多哈回合正式中止、2008年国际金融危机爆发以来的第三阶段经济全球化与国际物流的相互影响。这一阶段的全球化仍在进行之中，各种不确定性日益增强。

在治理结构维度，全球化遭遇挫折，但新兴经济体在参与全球化的过程中快速崛起，开始承担更多国际责任，推动全球化向共商共建共享的方向发展，中国发出携手构建人类命运共同体倡议，为完善全球治理提出了新思路；随着发展中国家在全球化中的地位不断上升，其在国际物流领域的地位变得不相匹配，全球物流资源与市场面临重构。

在空间格局维度，区域经济一体化趋势得到加强，欧洲、北美、东亚三大生产网络各自独立性提高；尽管区域自贸协定的影响还未充分显现，但国际物流在泛亚等区域内已呈现出较快增长，区域内贸易投资活动增加为陆路等国际物流方式提供了更多发展空间，国际物流由远洋海运这一单一方式向海陆空立体化、多元化发展。

在科学技术维度，工业4.0与新一代信息技术的发展或将引发全球生产组织方式新变革；跨境电商等新型国际贸易方式的发展带动国际快递等行业快速崛起，国际物流新业态新模式层出不穷，数字化智能化发展趋势也日渐明朗。

在规则体系维度，WTO多边贸易体制面临挑战，巨型区域自贸协定等新型经贸规则尚在构建之中；全球远洋运输的海运物流规则已较为成熟，适应区域内国际物流发展的陆路国际物流规则尚待统一完善，也为全球化后来的加入者参与规则制定提供了机遇。

LAND AND MARINE IN COORDINATION

International Logistics under
Radically Changed Globalization

06

经济全球化新阶段：“一带一路”倡议下的国际物流演变与中国对策

当前，经济全球化进入第三阶段，区域经济一体化成为新热点，生产要素配置、资本跨国流动、统一市场建设等更多向区域内集中，全球正在形成若干区域性生产网络与市场体系。同时，全球化也遇到了前所未有的困难与挑战，面对新变局，中国发出共建“一带一路”倡议，旨在携手各国共同推动世界经济繁荣发展，是全球化共商共建共享的新模式、新路径，也是中国以欧亚大陆为依托，深度参与和积极推动经济全球化的重要平台，获得域内外国家和地区的积极响应与广泛参与。“一带一路”倡议的提出与实施，深刻改变着经济全球化的治理结构、空间格局、科学技术与规则体系，也对国际物流产生了深远影响。

“一带一路”倡议打造经济全球化新范式

“一带一路”（B&R）是“丝绸之路经济带”和“21世纪海上丝绸之路”的简称，2013年由中国首次提出，得到国际社会高度关注。“一带一路”倡议旨在“推动沿线各国实现经济政策协调，开展更大范围、更高水平、更深层次的区域合作，共同打造开放、包容、均衡、普惠的区域经济合作架构”。该倡议与当前阶段全球化共商共建共享的治理结构、区域经济一体化的空间格局、工业4.0推动的生产组织方式变革及正在构建的新型国际经贸规则高度契合。

治理结构——推动构建人类命运共同体

在经济全球化跨越数百年的历史长卷中，由矛盾和利益分歧造成的割裂从未真正弥合，无论是国家之间的纷争还是劳资双方的对立，都成为全球化继续深入推进的鸿沟。

但应该看到，全球化发展到今天，绝大多数参与者都或多或少从中受益，构建开放包容的世界经济体系符合各方共同利益，而这必须以解决全球化面临的矛盾与问题为前提。解决问题最根本、最有效的手段是重构全球治理体系，这需要全人类的集体智慧与共同努力，其中也必然包括中国的贡献与力量。

“一带一路”是借用古代丝绸之路的历史符号，积极发展与沿线国家和地区的经济合作伙伴关系，共同打造政治互信、经济融合、文化包容的利益共同体、命运共同体和责任共同体。该倡议由中国提出，沿线国家和地区积极参与，域内域外广泛合作。推进“一带一路”建设工作领导小组办公室2019年发表的《共建“一带一路”倡议：进展、贡献与展望》明确指出，“一带一路”是和平发展、经济合作倡议，不是搞地缘政治联盟或军事同盟；是开放包容、共同发展进程，不是要关起门来搞小圈子或者“中国俱乐部”；不以意识形态划界，不搞零和游戏，只要各国有意愿，都欢迎参与。实践证明，“一带一路”已经成为最受欢迎的全球公共产品，也是目前前景最好的国际合作平台，共建“一带一路”倡议及其核心理念已写入联合国、二十国集团、亚太经合组织及其他区域组织等有关文件中。

“一带一路”坚持共商、共建、共享原则，意在携手深入平衡推进经济全球化。共商就是以平等自愿为基础，通过充分对话沟通找到认识的相通点、参与合作的交汇点、共同发展的着力点；共建就是各方都是平等的参与者、建设者和贡献者，也是责任和风险的共同担当者；共享就是兼顾合作方利益和关切，寻求利益契合点和合作最大公约数，使合作成果福及双方、惠泽各方，是双赢、多赢、共赢。中国在“一带一路”倡议的总体框架下，打造了“一带一路”国际合作高峰论坛、中国国际进口博览会等开展国际对话与经贸合作的平台，发起设立了亚洲基础设施银行（AIIB）、丝路基金（Silk Road Fund）等国际融资平台。“一带一路”还积极推进沿线国家发展战略的相互对接，合作倡议提出以后，与欧盟“容克计划”[1]、俄罗斯欧亚经济联盟[2]等相关国家和地区经济发展战略主动对接（见图6-1），得到越来越多沿线和域外国家、地区的积极响应和

[1] 2014年11月，容克就任欧盟委员会主席之后，针对2008年全球金融危机以来欧盟复苏乏力的局面，提出的一项高达3150亿欧元的投资计划，旨在促进欧盟基础设施、新能源、信息技术等领域投资。

[2] 2015年，欧亚经济联盟正式成立，成员国由最初的俄罗斯、白俄罗斯和哈萨克斯坦等3国后增加至包括亚美尼亚和吉尔吉斯斯坦在内的5国，联盟将保障商品、服务、资本和劳动力在各国境内自由流通，并推行协调一致的经济政策，5个成员国均是“一带一路”建设的重要合作伙伴。

广泛参与，为全世界探索了一条以人类命运共同体理念推动经济全球化的全新广阔道路。

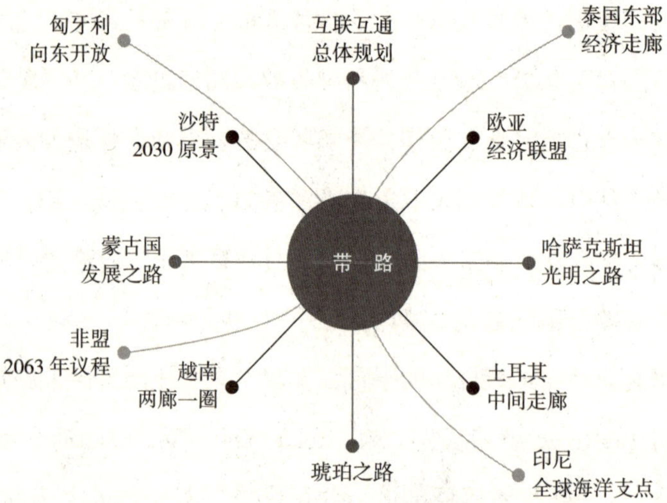

图6-1 “一带一路”与多国发展战略对接示意图

资料来源：中国一带一路网。

空间格局——中国为主体的东亚生产网络沿“一带一路”扩散

“一带一路”是一个开放的区域合作倡议，并没有严格的空间范围，重点面向亚欧非大陆，更向所有伙伴开放，目前共建“一带一路”国家已由亚欧延伸至非洲、拉美、南太等区域。从重点合作区域而言，“一带一路”贯穿亚欧非大陆，一头连着繁荣的东亚经济圈，一头连着发达的欧洲经济圈，中间广大腹地国家经济发展潜力巨大，仅中间这一区域内的总人口就超过了44亿，占全世界人口的63%，经济总量超过20万亿美元，占全球经济总量的30%，这些国家大多为新兴经济体和发展中国家，普遍处于经济发展的上升期。经济全球化由海而起，向海而生，沿海地区、海洋国家率先发展起来，陆上国家、内陆地区则较为落后，形成巨大贫富差距。前两轮全球化由欧美发达国家主导，发展中国家处于从属地位，位于全球产业分工与价值链体系的最低端。“一带一路”倡议是在经济全球化进入新的历史阶段、中国地位发生显著变化的背景下提出的，将发挥中国在参与全球化进程中积累的产能、技术、资金、经验等优势，与沿线国家和地区分享发展红利，推动全球再平衡。在“一带一路”倡议下，中国在向东沿海开放的基础上，主动推动向西内陆开放，带动中国西部大开发和中亚、蒙古国等内陆国家和地区的开发，依托中国优质产能、比较优势产业和超大规模市场，加强与沿线国家合作，实现共同受益、共同发展。倡议提出之后，中国立足“一带一路”现实背景与发展要求，适应经济全球化发展趋势、顺应第五次国际产业转移方向，主动推动以中国为主体的东亚生产网络沿线向西、向内陆地区扩散，重构欧亚非大陆板块产业链与供应链，将对传统以西方为中心、以海洋为中心的全球经济一体化格局产生深远影响。

科学技术——5G与新技术相互赋能推动数字经济发展

回首经济全球化进程中的历次科技革命，发展中国家都是跟随者。新一阶段的全球化，工业4.0深入推进，新一代信息技术蓬勃发展，人类正在进入数字经济[1]时代，很多经济学家认为这是继农业经济、工业经济之后的一种新的经济社会发展形态，更容易实现规模经济和拉动效应。数字经济时代对数据及相关先进科学技术的占有、支配、使用决定生产关系，数字信息主导的生产模式将取代工业社会的社会化大生产模式。5G（5th-Generation）是数字经济时代强大的生产工具，具有数据传输速度快、网络容量大、网络时延低等显著特点，能够创造增强移动宽带、海量机器类通信、超高可靠低时延通信等业务应用场景，拓

[1] 2016年G20杭州峰会通过的《二十国集团数字经济发展与合作倡议》，指出数字经济是以使用数字化的知识和信息作为关键生产要素、以现代信息网络作为重要载体、以信息通信技术的有效使用作为效率提升和经济结构优化的重要推动力的一系列经济活动。

宽了物理世界与数字世界的通道，成为数字经济的催化剂。5G与区块链、云计算、人工智能、大数据等新技术深度融合，将这些技术快速地传递到产业链末端，相互赋能形成强大力量，改造产业生态与产业链条，创造新产业，成为数字经济发展的重要驱动力（见图6-2所示）。有学者认为，5G这个新的网络基础设施将重构传统经济体系，给社会带来意想不到的跨越式进展。5G时代的到来为发展中国家在信息技术领域，以及以现代信息技术为支撑的工业现代化领域实现突破和赶超创造了新机遇。

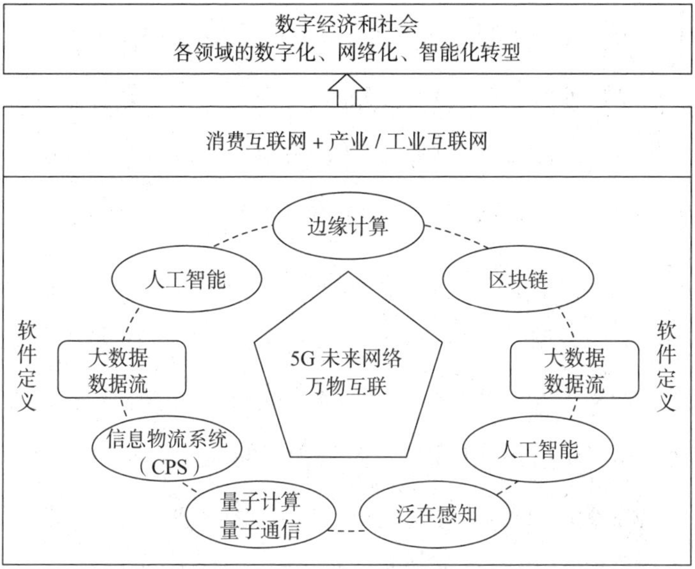

图6-2　以5G为基础的数字经济技术

资料来源：孙松林. 5G时代：经济增长新引擎［M］. 北京：中信出版社，2019。

在经历了1G空白、2G跟随、3G突破、4G同步的发展历程，中国借助华为、中兴等本土公司强大的技术势力和制造能力，以及全球最大的市场规模，正在成为5G发展的领跑者。中国在4G时代构建了强大的移动通信网络，建设了519万个4G基站，加上2G、3G基站，总数达到808万个，而经济与科技实力全球第一的美国也只有30万个4G基站。移动通信网络建设取得的巨大成就支撑了中国在移动互联网时代创造的消费互联网奇迹，电子商务、共享交通、网络直播等新模式新业态在中国快速崛起，在全球一骑绝尘。5G将通信产业链进一步拉长，从消费级个人用户扩展至产业级企业用户，产业形态更加丰富，经济体量进一步扩大。随着核心专利占比的提升、核心技术的不断完善，中国的5G网络将成为世界最大的网络，拥有全球最多的用户。据中国信息通信研究院预测（2019），2020—2025年，中国5G建设投资累计将达到1.2万亿元，带动产业链上下游及各行业应用投资总额将超过3.5万亿元，培育拉动数字经济增长15.2万亿元。尽管中国的5G技术受到美国等个别国家的抵制与打压，但谁也无法否认中国技术的先进性与市场价值，“一带一路”是中国5G技术、设备、业务的重要市场，依托中国强大的制造业产业基础和5G打造的技术平台，推进工业互联网发展，将使沿线产业分工与生产组织方式面临新的格局调整，重构区域生产网络与共同市场，中国将在其中发挥重要的引领作用。

规则体系——依托自身优势引领区域经贸规则建立

经济全球化进入第三阶段以来，传统经贸规则面临改革，新型经贸规则尚在构建之中，中国作为全球最大的制造业中心和第一大货物贸易国，应该在新规则的制定中发挥应有作用，而在历来以发达国家主导的规则体系中，中国需要寻找一个切入点。当前经贸规则涵盖的内容越来越丰富，除了传统以消除关税和非关税壁垒、促进投资与贸易便利化为核心的自由贸易协定，还延伸到各国边境之后的产业政策等，总体而言，中国面临较为艰难复杂的局面。以“一带一路”倡议为平台，根据中国国情特点和对外开放需要，携手域内国家和地区建立一套有利于区域经济一体化、符合各方共同利益的规则体系，既是对中国在经济全球化新阶段发挥引领作用的探索，也是积极推动建立国际经济新秩序的国际责任与大国担当。

自2013年“一带一路”倡议提出以来，中国先后在文化、中医药、农业合作、生态环境保护合作、能源合作、海上合作、融资等领域制定相关规划、设想、指导原则、愿景与行动计划等，并与沿线国家和地区签署了多份双多边协定，对推动区域内相关领域开展合作和完善规则标准发挥了积极作用。2015年与2018年中国先后发布《标准联通“一带一路”行动计划（2015—2017）》和《标准联通共建“一带一路”行动计划（2018—2020年）》，主动加强与沿线国家标准化战略对接和标准体系相互兼容，大力推动中国标准国际化，以标准“软联通”打造合作“硬机制”，为推进“一带一路”建设提供坚实技术支撑和有力机制保障。然而到目前为止，“一带一路”区域内关于投资、贸易、产能合作等方面系统性的规则体系仍未建立，区域经济一体化发展还需各方共同努力，而中国发挥引领作用，依托部分领域的技术领先优势、超大规模市场优势和低成本高效率产业链供应链优势等，推动建立区域经贸规则也具备机遇与条件。

“一带一路”倡议引领国际物流新变革

“一带一路”以政策沟通、设施联通、贸易畅通、资金融通、民心相通为合作重点，其中，基础设施互联互通是优先领域，投资贸易合作是重点内容，国际物流的发展在“一带一路”中占据重要地位，是基础设施互联互通的关键领域，也是沿线开展商品贸易的有力支撑。“一带一路”倡议作为推进经济全球化的新模式、新路径，治理结构、空间格局、科学技术、规则体系四个维度已经发生深刻变化，必将带来国际物流的巨大变革。

治理结构——市场为主体、综合实力为支撑推进物流体系建设

经济全球化第三阶段，随着新兴经济体崛起及全球大规模自由贸易转向区域经济一体化、自由化，全球生产网络面

临新一轮调整，国际物流也面临资源重新配置与市场重构。“一带一路”沿线以发展中国家为主，还包括一些最不发达国家，物流资源短缺、基础薄弱、保障不强、市场发育不足，而且由于物流服务能力不匹配，很多地区被现有国际物流主通道“遗弃”，在国际物流网络中处于通过性、边缘性位置，获取物流资源、实现对外联通的难度大、成本高。但是，由于资源丰富、人口众多，具有生产要素成本比较优势和潜在市场的基础性支撑，随着“一带一路”倡议的推进，该区域贸易与物流有望大幅增长，物流体系必将重新构建，关键问题在于由谁主导、如何构建。从国际物流发展趋势来看，物流通道、枢纽及物流体系建设运行已经由大航海时期的暴力掌控转变为由母国势力支撑的国际资本竞争，“一带一路”国际物流体系的建设虽然同样不可摆脱国家综合实力的影响力，但在“共商、共建、共享”的经济治理结构下，市场的主体作用将会得到更加充分的体现。

“一带一路”倡议提出6年多来，中国企业积极“走出去”参与沿线物流大通道、枢纽节点、网络设施建设与运营，大力推进区域互联互通。铁路方面，以中老铁路、匈塞铁路、雅万高铁等为重点的区际、洲际铁路网络建设合作项目取得重大进展，泛亚铁路东线、巴基斯坦1号铁路干线升级改造、中吉乌铁路等项目正积极推进前期研究，中国—尼泊尔跨境铁路完成预可行性研究；公路方面，中越北仑河公路二桥建成通车，中吉乌国际道路运输实现常态化运行；港口方面，中国已参与新加坡港、印度尼西亚雅加达港、沙特阿拉伯吉大港等沿线34个国家42个港口的建设运营，由中远海集团投资的希腊比雷埃夫斯港已建成重要中转枢纽，巴基斯坦瓜达尔港建成投产；管道方面，中俄原油管道、中国—中亚天然气管道保持稳定运营，中俄天然气管道东线部分实现通气，中缅油气管道全线贯通。这些标志性项目的推进，改善了“一带一路”交通网络状况，为沿线国家和地区更加平等、更加便捷地参与和融入经济全球化提供了宝贵的物流资源。

空间格局——构建海陆双向物流大通道

历史上的丝绸之路与海上丝绸之路就是沟通东西方贸易往来的陆上与海上物流大通道，“一带一路”重点面向亚欧非大陆，畅通五个主要方向[1]，总体架构为“六廊六路多

[1] 丝绸之路经济带包括三大走向：一是从中国西北、东北经中亚、俄罗斯至欧洲、波罗的海；二是从中国西北经中亚、西亚至波斯湾、地中海；三是从中国西南经中南半岛至印度洋。21世纪海上丝绸之路包括两大走向：一是从中国沿海港口过南海，经马六甲海峡到印度洋，延伸至欧洲；二是从中国沿海港口过南海，向南太平洋延伸。

国多港”[1]，构建了陆海双向辐射的国际物流大通道。“新加坡亚洲新闻台”网站刊文称：“‘一带一路’正在打造的全球物流和运输网络将重塑全球航运和物流模式，给世界经济发展注入新的活力。”

◎ 海上物流大通道

中国在西汉年间便开辟了经中国南海、印度洋到达中南半岛远至印度、斯里兰卡的海上贸易航线，至明代航线已延伸至东非、红海等地，被称为海上丝绸之路。“一带一路”的海上通道在此基础上进一步延伸，远至欧洲。这条海上物流大通道自大航海时代至今已运行了几百年，除了苏伊士运河的开通使航线网络发生了较大变化以外，总体格局基本稳定，主要包括南行与西行两个方向的航线。南行航线自亚洲基本港出发，经中国南海进入太平洋，到达东南亚、澳新和南太平洋相关国家的基本港，主要为近洋航线。西行主要为远洋航行，分为中国—南亚航线、中

[1] “六廊”即六大国际经济合作走廊：新亚欧大陆桥、中蒙俄、中国—中亚—西亚、中国—中南半岛、中巴、孟中印缅经济走廊；“六路”即公路、铁路、航运、航空、管道、空间综合信息网络，是基础设施互联互通的主要内容；“多国”指一批先期合作国家，争取示范效应，体现合作成果；“多港”指共建一批重要港口和节点城市，繁荣海上合作。

国—波斯湾航线、中国—红海航线、中国—地中海（南岸、东岸、北岸）航线、中国—非洲（东非、南非、西非）航线、中国—欧洲（西欧、北欧）航线等众多支线，路径大致分为两条：一条起自亚洲基本港，穿越太平洋、印度洋，经苏伊士运河进入地中海，再经直布罗陀海峡重新进入大西洋，终点可达欧洲基本港；另一条航线也起自亚洲基本港，穿越太平洋、印度洋，绕非洲南端好望角进入大西洋，终点到达至欧洲基本港。

◎ 陆路物流大通道

作为陆路物流大通道的丝绸之路也起源于中国西汉年间，包括张骞出使西域的官方通道“西北丝绸之路”、北向经蒙古高原再西行天山北麓进入中亚的“草原丝绸之路”，以及西安到成都再到南亚和东南亚的“西南丝绸之路”，原本都是驼队、马帮行走的道路。明代中期以后，中国政府采取闭关锁国政策，与此同时，造船和航海技术的发展使海上交通兴起而代之，丝绸之路贸易全面走向衰落。因此，今天所说的陆路物流大通道与历史上的丝绸之路有基本相同的路径与方向，但却是在铁路、公路等现代交通方式兴起并大发展以后开辟的新通道。

在“一带一路”倡议提出以前，中欧之间的陆路大通道主要以大陆桥的形态、以海陆联运的方式存在，是作为东亚、东南亚与欧洲之间远洋运输的一种替代方式。亚欧大陆桥传统路径主要有三条（如图6–3至图6–5所示）：一是西伯利亚大陆桥，起自日韩和中国东南沿海、东南亚港口，经海运至纳霍德卡港登陆，换装铁路运输，以西伯利亚铁路为干线，根据货物目的地经二次分拨至欧洲不同国家，铁路线路全长约1.3万公里；二是新亚欧大陆桥，起自中日韩及东南亚相关国家港口，经海运至连云港登陆，换装铁路运输，经陇海—兰新线，横穿中国大陆，自新疆阿拉山口出境，再经哈萨克斯坦多斯特克口岸二次分拨，然后分为两个方向，一是向北进入俄罗斯并入西伯利亚铁路干线，至北欧和西欧各国，二是继续向西至阿拉木图进而至中亚、西亚各国；三是亚欧大陆桥，起自中日韩及东南亚相关国家港口，经海运至天津港登陆，铁路运输经内蒙古二连浩特口岸出境，再穿越蒙古、俄罗斯等国家，到达东欧、中欧和西欧等国家。

“一带一路”倡议提出后，谋划了新亚欧大陆桥、中蒙俄、中国—中亚—西亚、中国—中南半岛、中巴、孟中印缅六大国际经济走廊，横贯欧亚大陆，对区域内陆路国际物流通道提出发展要求，也带来发展机遇。为此，中国加强与沿线国家合作，围绕区域内国际物流需求积极布局新

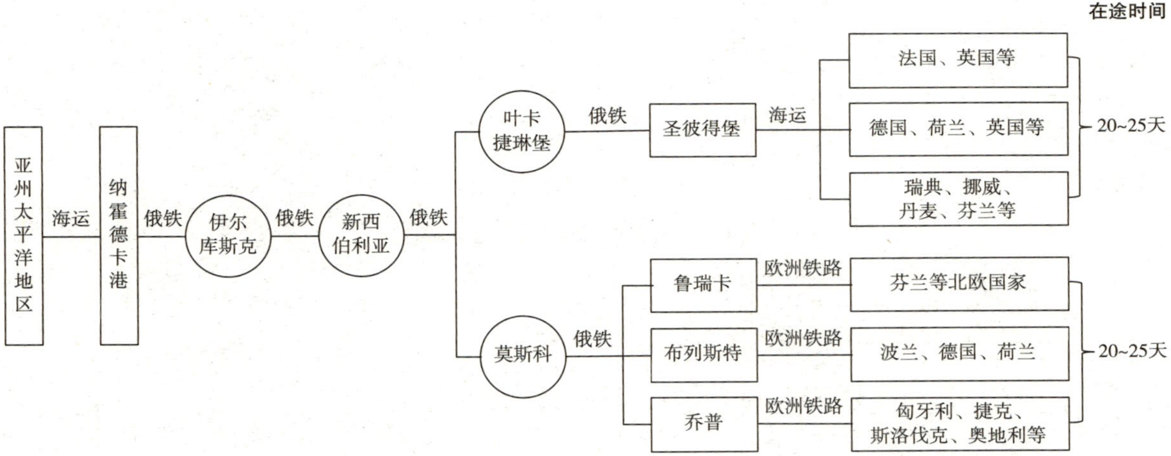

图6-3　西伯利亚大陆桥物流通道

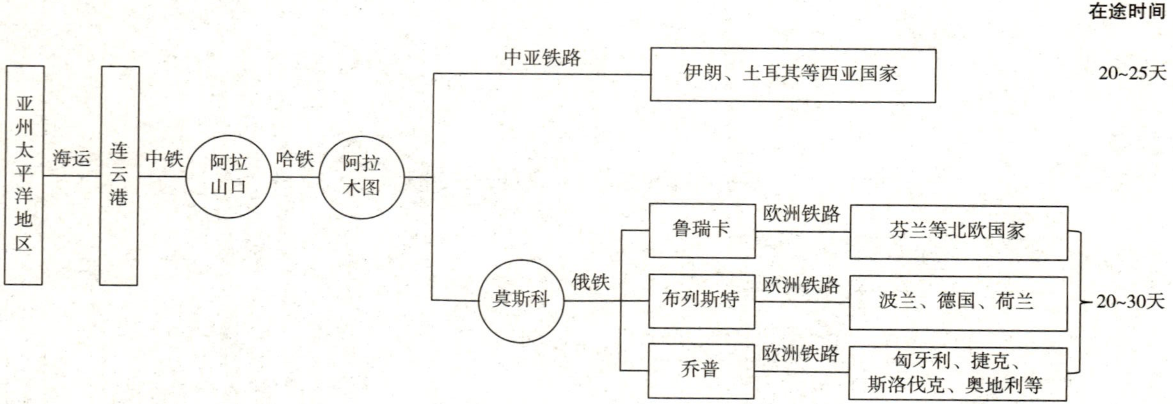

图6-4　新亚欧大陆桥物流通道

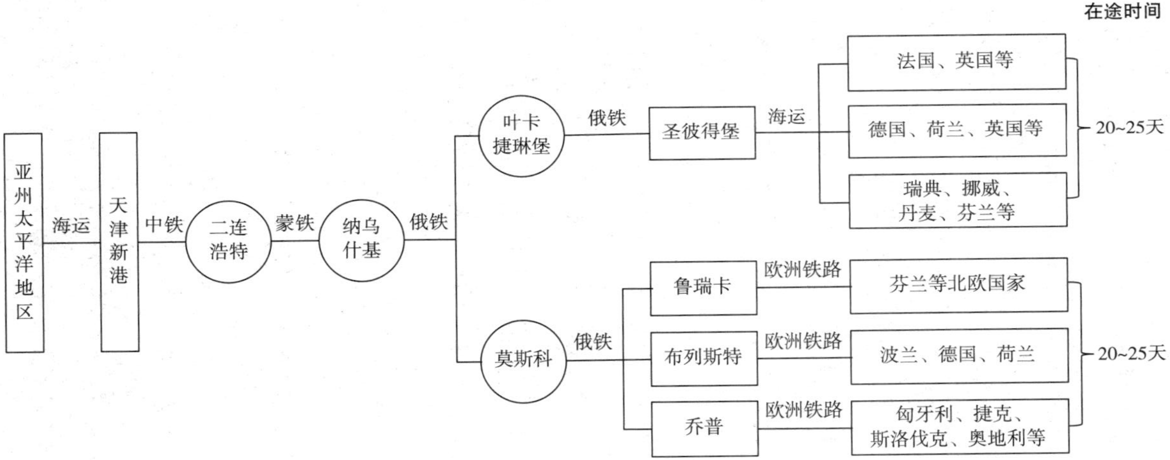

图6-5　经二连浩特的亚欧大陆桥物流通道

资料来源：图6-3至图6-5均摘自刘洁．亚欧大陆桥物流通道发展理论和实证研究［D］．北京：北京交通大学，2012。

通道、新节点。2016年，《中欧班列建设发展规划（2016—2020）》正式印发，规划了西、中、东三条通道。其中，西通道分为三条，分别由新疆阿拉山口（霍尔果斯）口岸出境经哈萨克斯坦与俄罗斯到达欧洲、由霍尔果斯（阿拉山口）口岸出境经中亚西亚到达欧洲和由吐尔尕特（伊尔克什坦）口岸出境经中亚西亚到达欧洲；中通道由内蒙古二连浩特口岸出境，途经蒙古国与俄罗斯西伯利亚铁路相连，通达欧洲各国；东通道由内蒙古满洲里（黑龙江绥芬河）口岸出境，接入俄罗斯西伯利亚铁路，通达欧洲各国。2019年，中国国家发展改革委发布《西部陆海新通道总体规划》，规划建设自重庆和四川成都出发，经贵州、湖南、云南、广西等省份至北部湾出海口的铁路大通道，并将与海上航线及泛亚铁路相连，在中国与东南亚国家之间打造一条国际物流大通道。

科学技术——智慧物流与跨境电商市场广阔

经济全球化第三阶段，新一代通信与信息技术蓬勃发展，工业4.0应运而生，现代科技的发展与全球生产组织方式的变革正推动国际物流多元化与创新发展。中国在5G、北斗卫星导航系统等领域已形成领先优势，无线通信基础设施的高可靠、低时延保障为打造工业互联网提供了有效支撑，海量大数据与高速信息传输为智能化生产提供了丰富生产要素，这些都为中国主动推动产能向中西部地区及欧亚大陆中间地带转移，将以中国为中心的东亚生产网络沿“一带一路”扩散创造了条件。同时，利用通信技术领先地位，以及在国内物流发展中累积的市场规模与多元化业态，在“一带一路”沿线培育市场需求和引领国际物流创新发展，也是中国具备的独特优势，特别是在智慧物流、跨境电商等领域前景广阔。

2016年，中国出台《“互联网+”高效物流实施意见》，围绕促进智慧物流、电商物流的发展，推广应用物流新科技、新技术、新设备等提出了一系列鼓励和支持政策，这些政策也为中国引领“一带一路”国际物流的发展提供了指引。“一带一路”倡议致力于打造一个更加智慧化、数字化的全球物流和运输网络，国际航空运输协会理事长兼首席执行官Alexandre de Junia（2019）认为中国一直致力于用科技改善人们的生活，让科技融入日常，并表示希望中国的“一带一路”倡议能加速全球物流、货运行业的智慧化、数字化转型。中国依靠科技发展与业态创新提供的高效物流服务也促进了“一带一路”沿线跨境电商的快速发展，国内电商、邮政、快递等企业纷纷“走出去”拓展国际市场。如中通快递与土耳其航空、太平洋航空成立合资公司，开发全球电商市场，提供所有“门到门”物流业务；哈萨克斯坦国家铁路公司已与京东物流签署战略合作协议，在跨境物流、供应链网络构建等领域开展全方位深度合作，在电商、互联网金融等维度探索合作机会；菜鸟联合中国航空、圆通速递，在香港机场建设世界级智能物流枢纽，主要面向跨境电商与冷链物流市场等。

规则体系——推动陆路物流规则统一与完善

“一带一路”横跨欧亚大陆，已形成以海洋运输为主体、陆路与空中运输为补充的立体物流网络，也制定了一系列以双多边协定为主体的国际物流规则。据中国交通运输部统计，中国已与47个沿线国家签署了38个双边和区域海运协定，与白俄罗斯、德国、哈萨克斯坦、蒙古、波兰和俄罗斯等7国铁路公司签署了《关于深化中欧班列合作协议》，与15个沿线国家签署了包括《上海合作组织成员国政府间国际道路运输便利化协定》在内的18个双多边国际运输便利化协定，《大湄公河次区域便利货物及人员跨境运输协定》实施取得积极进展，与126个国家和地区签署了双边政府间航空运输协定，与卢森堡、俄罗斯、亚美尼亚、印度尼西亚、柬埔寨、孟加拉国、以色列、蒙古、马来西亚、埃及等国家扩大了航权安排。从国际化的物流规则来看，海运与空运领域均已形成统一规则，《国际公路运输公约》全球73个缔约国大多数位于丝绸之路经济带沿线地区。

总体来看，"一带一路"陆路物流国际规则是相对空白和薄弱的领域，特别是跨境铁路运输统一国际规则至今尚未建立。"一带一路"六大经济走廊的建设都必须以陆路物流大通道为基础，而且中国作为一个陆地边境线长、内陆纵深大的国家，发展陆路国际物流也具有特殊需求和重大意义，作为"一带一路"的倡议者，应发挥引领作用，按照共商、共建、共享原则，携手沿线国家共同推动陆路物流规则的统一与完善。陆路物流主要包括铁路与公路运输，由于公路运输适用运距较短，跨多国运输的情况相对较少，而铁路是欧亚大陆上的骨干物流大通道，因此，"一带一路"重点应推进以跨境铁路运输为核心的陆路国际物流规则制定。

跨越欧亚大陆目前同时存在两个国际铁路运输规则，分别是《国际铁路货物运送公约》(简称《国际货约》)和《国际铁路货物联运协定》(简称《国际货协》)，详细情况如表6-1所示。《国际货约》的参加路有49个，包括欧洲、亚洲和北非国家的铁路，绝大多数为欧洲国家；《国际货协》的参加路有27个，包括欧洲和亚洲国家的铁路；此外，有13个国家的铁路同时参加了《国际货约》与《国际货协》，绝大多数为欧洲国家。上述两大国际规则存在一些不同的法律规定和运输标准，在各自范围内适用各自规则，并分别采用国际货约运单（简称CIM运单）和国际货协运单（简称SMGS运单）。在两个规则参加路之间进行国际铁路联运时，需要在最后一个中间过境站进行转运并改换运输单据，工作量巨大，给货主和运输部门、铁路企业，尤其是给同时参加两个协定的国家铁路造成诸多不便，增加了运输时间与费用，还涉及不同国际规则适用、运费与外汇差异、责任划分等问题。欧亚铁路运输规则相关情况见表6-1。

表6-1

欧亚铁路运输规则相关情况

运输规则	《国际铁路货物运送公约》	国际铁路货物联运协定
简称	国际货约	国际货协
别称	伯尔尼公约	—
英文名称	Convention Concerning International Carriage of Goods by Rail	Agreement on International Railroad through Transport of Goods
缩写	CIM	SMGS

续表

运输规则	《国际铁路货物运送公约》	国际铁路货物联运协定
参加路	阿尔巴尼亚、阿尔及利亚、亚美尼亚、奥地利、比利时、波黑、**保加利亚**、克罗地亚、**捷克**、丹麦、**爱沙尼亚**、芬兰、法国、德国、**格鲁吉亚**、希腊、**匈牙利**、**伊朗**、伊拉克、爱尔兰、意大利、**拉脱维亚**、黎巴嫩、列支敦士登、**立陶宛**、卢森堡、马其顿、摩纳哥、黑山、摩洛哥、荷兰、挪威、巴基斯坦、**波兰**、葡萄牙、**罗马尼亚**、**俄罗斯**、塞尔维亚、**斯洛伐克**、斯洛文尼亚、西班牙、瑞典、瑞士、叙利亚、突尼斯、土耳其、**乌克兰**、英国、约旦（49个）	阿塞拜疆、阿富汗、白俄罗斯、**保加利亚**、**匈牙利**、越南、**格鲁吉亚**、**伊朗**、哈萨克斯坦、中国、朝鲜、韩国、吉尔吉斯斯坦、**拉脱维尼亚**、**立陶宛**、摩尔多瓦、蒙古、**波兰**、**俄罗斯**、**罗马尼亚**、**斯洛伐克**、塔吉克斯坦、土库曼斯坦、乌兹别克斯坦、**乌克兰**、**捷克**、**爱沙尼亚**等国铁路（27个）
政府间组织	国际铁路运输政府间组织	铁路合作组织
简称	铁联	铁组
英文名称	International Organization for International Carriage by Rail	Organization for Cooperation of Railways
缩写	OTIF	OSJD
执行机构	伯尔尼国际铁路联运中央事务局	华沙国际货协事务局
成员情况	欧洲、北非49个成员国铁路	亚洲、欧洲27个成员国铁路

注："参加路"栏目中加粗字体的国家铁路为同时参加了《国际货约》与《国际货协》的国家铁路。

资料来源：本书作者根据相关资料整理。

为实现欧亚铁路货物运输全程按一份运单办理，OTIF与OSJD成立了联合工作组，共同制定了统一国际货约/国际货协运单（CIM–SMGS WAYBILL，简称“统一运单”），编制了《国际货约/国际货协运单指导手册》（简称《指导手册》），2006年试运行取得良好效果后，在部分东欧国家正式实施，并逐步得到推广。目前，《指导手册》的参加国包括30个《国际货约》成员和17个《国际货协》成员。中国于2015年正式在欧亚铁路运输中采用“统一运单”。

“统一运单”实现了欧亚铁路运输“一单到底”，但并未解决国际铁路运输规则的统一问题。《指导手册》规定，虽然使用“统一运单”，但在OTIF与OSJD两大政府间国际铁路组织各自范围内，分别适用不同运输规则，即《国际货约》与《国际货协》。而且国际集装箱班列若使用“统一运单”，需在发运前一个月左右由铁路主管部门向所到达和经过的国家铁路发出商定电函，说明发运班列的数量、货名、发站、到站、运输径路等，在得到回函后才可发运。由于发运人提前一个月提供上述信息难度较大，因此，中国多数地区并未使用，只有重庆等地发运的中欧班列部分采用“统一运单”。除此以外，国际铁路联运运单不同于海运提单，其只能作为运输合同证明与提货凭证，不能作为物权凭证，不能用于担保、融资、转让等，在国际贸易中功能单一，这也降低了国际铁路联运相对于远洋运输的竞争力。2020年，由中国国际货运代理协会牵头在具备条件的中欧班列上试点CIFA多式联运提单，推动国际铁路联运提单应用进入市场试点阶段，但目前试点范围仍十分有限，实践中也存在一些困难，广泛应用尚需时日。因此，完善欧亚国际铁路运输规则是“一带一路”国际物流发展的重要问题，特别对于中国推动“一带一路”倡议、在国际物流体系中重新确定地位、增强规则话语权具有特殊意义。

中国推动“一带一路”国际物流发展的对策

经济全球化与国际物流在治理结构、空间格局、科学技术、规则体系四个维度下相互影响，不断发展变化。“一带一路”是中国提出的经济全球化新范式，中国作为新一轮全球化中崛起的新兴大国和“一带一路”倡议的提出者、推动者，如何应对环境形势变化，主动推进国际物流变革，需要在对四个维度深入分析的基础上提出应对策略。

“一带一路”在经济全球化与国际物流相互影响关系中获得的启示

经济全球化产生国际物流，国际物流推动经济全球化更加深入发展，历史经验表明，国际物流网络不能覆盖、服务不能保障的地区无法融入经济全球化，国际物流成本、效率不具优势的地区也很难在经济全球化中拥有国际竞争力。“一带一路”是中国倡议推动的经济全球化新范式，打破了以西方为中心、以海洋为中心的全球化旧格局，也必须探索建立与之相适应的国际物流新格局。

◎ 市场主导背后需要国家综合实力

从历史进程来看，国家实力没有缺席经济全球化的任何阶段，也没有缺席国际物流发展演变的整个过程，只是在出席的形式和采用的手段方面有所变化。经济全球化的开启就是源于西方列强国家力量的推动，为了获取全球资源、开展国际贸易、推进产业分工而进行的航线开辟、船队组建、对重要通道枢纽的控制与保护、对运输方式和物流组织模式的变革与创新，以及为实现最大便利与利益而执行的物流规则，都建立在国家实力的基础之上。国家实力是一个综合指标，指政治、军事、经济、科技、文化等方面的综合实力。即使在西方列强瓜分世界的时代，国家实力也不仅仅是指军事力量，而是通过军事力量掠夺财富，以充足的财力强化武装、发展科技，以科技和武力保障全球经济利益，是各领域平衡增长、相互支撑的国家实力。但是随着历史的推进，这种国家实力的核心也在发生变化，从暴力演变为资本，从资本演变为“资本+科技”，这种演变与经济全球化的治理结构、空间格局、科学技术、规则体系息息相关。建设“一带一路”是在新兴经济体崛起并推动全球化共商、共建、共享的背景下，由中国向全世界发出的倡议，“一带一路”国际物流体系的建设不可避免地需要中国国家综合实力的支撑。尽管中国在国内物流体系建设方面已经积累了丰富经验，具备了坚实的产业基础，形成了庞大的市场规模与越来越成熟的市场运行模式，但完全依靠市场推动“一带一路”物流的发展仍然是不现实的。应以国家综合实力为后盾，以资本、科技为载体，让市场的力量和政府层面的沟通、合作形成合力，共同推动区域内跨国物流基础设施的建设与联通、物流市场的统一开放、物流业态模式的创新和物流规则体系的建立。

◎ 空间格局变化将产生新通道新中心

经济全球化的空间格局一直在变化，国际物流的空间格局也随之变化，每一次变化都会有物流新通道的开辟与国际物流中心的兴起。大航海为西方国家建立了海外殖民地，也开辟了遍布全球的航线网络；英国崛起，伦敦也成为国际航运中心；已经完成的四次产业转移，使“世界工厂”从英国到美国，再到德国、日本、“亚洲四小龙”，直至迁移到中国，逐步形成了欧洲、北美、东亚三大生产网络，也使纽约、东京、新加坡、香港、上海等相继成为国际物流中心；“逆全球化”浪潮兴起、区域经济一体化加深、三大生产网络独立性提高，区域物流随之活跃，非主干航线尤其是亚洲区域内航线呈现较快增长。这些空间演变既伴随着一些地区的繁荣，又伴随着一些地区的衰落，而国际物流网络上的通道与节点也在发生地位的相对变化。

国际物流的海上运输格局目前已基本稳定，“一带一路”重点面向亚欧非大陆，陆域纵深广阔，内陆国家众多，很多地区经济发展相对落后，基础设施较为薄弱，在国际物流网络中处于边缘性位置，这一区域物流体系的建设任务颇为艰巨。同时，“一带一路”对中间地带物流网络建设的强化，也将对传统以海洋为重点、以港口为中心的全球物流格局形成重要影响，而一些新的国际物流大通道、物流枢纽也会伴随这个过程在内陆地区逐步发展起来。保障通道的安全畅通、枢纽的高效运行，一直都是主导经济全球化的大国的重要关切，无论过去以暴力方式强行争夺与控制，还是现在以资本运营方式深度介入与掌控，都凸显出这些物流资源的重要性。相比于海洋运输中海峡、运河、港口等通道枢纽，“一带一路”陆路运输的通道枢纽经过的国家更多，深入国家腹地，涉及更为复杂的国家主权与地缘政治关系。这些物流资源配置与市场开拓一方面尤为重要，另一方面也需要更加谨慎稳妥地推进。中国应在与域内域外国家共商、共建、共享的基础上，找到有效载体和可行路径，在“一带一路”通道与枢纽建设运营中发挥积极引领作用。

◎ 科学技术是国际物流发展重要的驱动力

科学技术是经济全球化的重要驱动力，也对国际物流的发展具有显著驱动作用，主要体现在两个方面：一是物流领域内部的技术革新产生新的物流方式，改变既有物流网络形态，变革传统物流运行规则等，使物流成本大幅降低、物流效率与保障能力大幅提升；二是科技革命推动产业革命，全球生产格局与生产方式发生根本变化，对国际物流产生新的需求。过去的三次科技革命，不仅使人类的生产效率大幅提升，而且促成了国际产业分工和不断细化分工，带来了跨国产业转移，形成了国际供应链，推动了经济全球化。与此同时，从第一阶段全球化天文、地理、航海、造船技术的发展，到第二阶段全球化“集装箱改变世界”，再到第三阶段全球化智慧物流的兴起与发展，科学技术在国际物流的演变进程中扮演着重要角色，一些革命性的技术发展甚至会对整个国际物流体系甚至经济全球化的格局产生影响。比如美国以集装箱这一标准化载运单元为核心，建立了一整套标准化、集成化、现代化的物流体系，包括船舶、港口、场站、装卸设备、单证、操作流程、运输规则、责任体系等，这套体系的建立极大降低了国际贸易中的物流成本，提高了从采购、生产到终端消费全链条的效率，美国也是藉由这一物流领域的技术革新实现了制造业全球布局和国际供应链体系建设，完成了国内产业升级。中国积极推动“一带一路”区域内国际物流的发展也必须借助科技的力量，特别是围绕核心技术的应用、业态模式的创新建立一套规则与标准体系，增强中国在这一体系运行中的主导能力，改变传统海运由西方主导的国际物流格局。

◎ 市场需求推动物流运营模式创新

国际物流的发展始终伴随着运营模式的创新，其背后的动力既来源于科学技术的发展、管理理念的变革，也来源于市场的变化，即经济全球化对物流需求的变化。比如在经济全球化之前，国际物流与国际贸易的运营主体通常合为一体，像威尼斯商人那样自有船舶资产、自行载运货物是较为普遍的模式。经济全球化进程开启以来，国际贸易规模不断扩大，港口变得日益繁忙，进出港货运量迅速增长，过去的物流运行模式难以为继。于是，国际贸易与国际物流的主体开始呈现专业化趋势，港口成为独立的生产资本，安装了机械设备，建立了制度规章，轮船公司也围绕港口重塑业务模式，物流运行趋于规范化、系统化、效率化。随着经济全球化深入推进，以远洋运输为主的国际物流体系愈加成熟，港口、货运代理、航运企业等运营主体之间的联系更加紧密，关系也更加复杂，以资本为纽带，相互渗透、相互协作，总体向着国际化、市场化程度更高的方向发展，资本组合与投资方式也呈现多元化的发展趋势。近年来，国际物流运营主体纷纷拓展全程物流服务，港口与航运企业开始参与内陆港及场站、铁路专用线等建设，或者以其他方式获得管理和运营权，国际多式联运得到快速发展，国际物流产业链上下游一体化程度不断提高。“一带一路”国际物流的运营模式也要根据区域内物流市场需求的变化不断创新发展，在这片两端需求相对旺盛、中间有效需求不足的区域，经济走廊的建设需要物流通道的支撑，也会给物流通道带来增量需求，关键在于以怎样的物流运营模式来建立这样供需互促的良性循环。

“一带一路”物流发展寻求陆向拓展策略

国际海运是“一带一路”主要的物流方式，这种格局在较长一段时期内不会改变，中国在这一领域也具有一定实力。2018年中国海运连通指数[1]为187.8，位居全球第一（如表6–2所示），港口与船队市场份额也位居世界前列。但总体而言，全球海运市场仍由发达国家主导，无论是市场竞争力还是规则话语权，中国都难以占据强势地位。提高国际海运竞争能力、主导能力依然是建设和完善“一带一路”国际物流体系的首要任务，中国在这方面也一直在努力，航运企业的兼并重组、海外港口的战略投资等均取得了明显成效。“一带一路”内陆广阔、“中部塌陷”，这其中也包括中国广大中西部地区，陆路物流体系的重要性非同寻常，而且从“一带一路”治理结构、空间格局、科学技术、规则体系四个维度来看，中国在这一国际物流领域，陆运相对于海运更具优势和潜力。因此，“一带一路”国际物流发展应该在稳固海运格局的基础上，寻求陆向拓展，形成双向合力、双重保障，以此作为中国依托“一带一路”倡议重塑全球化地位的国际物流应对策略。

[1] 全球海运连通指数由UNCTAD根据班轮航运连通指数计算，班轮航运连通指数是表示一国在全球班轮运输网络中所处地位的指标，反映了需求的变化和航运公司的决策，而后者又取决于航运公司的战略船只部署及对港口投资以及各国集装箱港口改革的响应。

表6-2
2018年全球海运连通指数前10位的国家和地区

排名	国家和地区	海运连通指数
1	中国	187.8
2	新加坡	133.9
3	韩国	118.8
4	中国香港	113.5
5	马来西亚	109.9
6	荷兰	98.0
7	德国	97.1
8	美国	96.7
9	英国	95.6
10	比利时	91.1

资料来源：United Nations. Review of Maritime Transport 2018.

经济全球化空间格局的调整推动着国际物流网络空间的变迁，国际物流新通道的开辟、全球物流中心的转移会使一些新的地区连入主干网络，其中一些通道与枢纽将成为战略性资源。历史上，大国对战略通道与枢纽的争夺从未停歇，无论是以暴力强权实现绝对占有，还是以资本运营实现有效控制，都是为了在国际物流资源配置中争取更加有利的地位，在经济全球化中获取更多国家利益。“一带一路”倡议的实施将使许多长期游离在国际物流网络边缘的内陆地区融入网络，一些地区或将崛起新的国际物流中心与关键通道，对国际物流整体格局与经贸合作产生深远影响。中国作为倡议的提出者，需要在与沿线国家谋求共同利益的基础上，统筹布局建设物流基础设施与运营网络，加强互联互通，特别是在关键通道与枢纽中发挥主导性作用，引领“一带一路”陆路物流体系建设。

“一带一路”沿线很多地区自然条件恶劣、基础薄弱、市场支撑不足，背后还涉及复杂的地缘政治关系。中国经过多年的建设发展，具备一定的经济实力、产能基础、技术优势和市场规模，是该区域综合实力较强的国家之一，可以量力而行、循序渐进推进“一带一路”陆路物流体系建设。在国际海运领域，中国是技术、规则的跟随者，“一带一路”陆路物流是一个新兴领域，尚未形成统一技术标准与规则，虽然相对于海运牵扯的国家更多、利益格局更复杂，但铁路运输作为陆路物流的骨干方式，是一个相对封闭的物流系统，沿线各国共商共建规则体系也有可实施的路径。新亚欧大陆桥的开通特别是近年来中欧班列的运行已经为中国创新国际陆路物流运营模式积累了宝贵经验，在国际物流与装备制造业、跨境电商等产业的融合发展，围绕枢纽经济、通道经济发展区域经济，带动经济走廊建设等方面，中国也进行了成功实践。回顾历史进程，无论是从获取国际物流资源还是主导规则体系建设的角度，中国都应该寻求“一带一路”物流发展的陆向拓展，在这方面，中国具有相应的综合实力、技术优势和运营模式的先进性。

小结

“一带一路”倡议是中国在国际环境及自身全球地位发生重大变化的形势下提出的共同推进全球化新范式，得到了域内域外国家的积极响应与广泛参与。本章从治理结构、空间格局、科学技术、规则体系四个维度分析了“一带一路”倡议实施对经济全球化格局与国际物流发展产生的重大影响，并结合历史经验与发展趋势，提出了中国在全球化新阶段和“一带一路”倡议下，国际物流发展的应对策略。

在治理结构方面，“一带一路”围绕打造人类命运共同体目标，坚持共商、共建、共享原则，积极对接沿线国家的地区发展战略，这一区域内国际物流的发展也同样需要秉持这一原则，致力于谋求共同利益，以国家综合实力为后盾，采用市场化手段合作推进。空间格局方面，中国主动推动东部沿海地区产业向西部内陆地区转移，加快全球制造业中心的生产网络沿“一带一路”扩散，区域内国际物流的发展除了关注传统海运领域，还要加强内陆地区物流体系建设，构建海陆双向物流大通道。科学技术方面，数字经济时代全球产业分工面临新一轮调整，中国的消费互联网已经取得显著成就，依托5G领先技术有望在工业互联网领域获取先发地位，跨境电商是消费互联网的延伸，智慧物流是工业互联网重要应用领域，中国有能力凭借新兴技术方面的优势，按照“一带一路”新的产业分工与贸易格局，推动区域内国际物流多元化发展与业态模式创新。规则体系方面，经济全球化经贸规则面临重构，“一带一路”规则体系的建设也是一个全新的探索，在国际海运规则相对成熟的背景下，中国作为“一带一路”倡议的提出者，应发挥引领作用，寻找恰当载体，推动陆路物流规则统一和完善。

物流战略通道与枢纽是国际物流重要资源，全球化空间格局的变化会形成新的国际物流通道和推动国际物流中心的转移，在这个过程中也会掀起一轮新的竞争。“一带一路”国际物流海运领域的格局已基本确定，中国处于后发追赶地位，而“一带一路”陆上六大经济走廊的建设为国际物流发展开拓了新空间，一批具有战略意义的物流通道与枢纽将随之兴起。中国在“一带一路”陆路方向寻求物流发展突破，对于在新兴市场的国际物流资源配置中确立主动地位具有重要意义。铁路运输是陆路物流的骨干方式，近年来中欧班列的快速发展为“一带一路”完善陆路物流体系、带动内陆地区发展做出了巨大贡献。依托中欧班列的运营经验、技术优势和物流模式创新能力，加快市场培育，推动陆路物流规则体系建设，实现国际物流陆向拓展，带动沿线经济走廊建设和内陆地区经济发展，应成为中国在全球化新变革中推动国际物流发展的重要应对策略。

LAND AND MARINE IN COORDINATION

International Logistics under
Radically Changed Globalization

07

依托中欧班列实现国际物流陆向拓展

“一带一路”倡议推动经济全球化向纵深发展，中国作为新一阶段经济全球化中崛起的新兴大国和“一带一路”倡议的发起者，有责任也有条件为沿线国家和地区搭建合作平台与创造发展机遇。国际物流与经济全球化密切相关，在“一带一路”倡议下寻求国际物流陆向拓展是中国在经济全球化中主动担当大国责任和维护自身国家利益的重要应对策略。中欧班列是欧亚大陆陆路大通道骨干方式，也是中国推进“一带一路”倡议的重要载体。中欧班列的发展以市场力量主导和国家实力支撑，连接东亚和欧洲两大活跃经济圈，带动包括中国中西部地区在内的“一带一路”内陆地区发展，体现了传统铁路运输与现代物流技术模式的融合，也将推动欧亚大陆统一物流规则的建立，在治理结构、空间格局、科学技术与规则体系四个维度上契合“一带一路”国际物流发展方向。推动中欧班列健康可持续发展应成为中国在全球化新的变革中，围绕“一带一路”倡议，以陆向为重点推进国际物流发展的重要举措。

中欧班列在“一带一路”国际物流体系中的作用

中国国家铁路集团有限公司将中欧班列（CR express）定义为：按照固定车次、线路、班期和全程运行时刻开行，往来于中国与欧洲以及“一带一路”沿线各国的集装箱等国际铁路联运班列。根据这一定义，中欧班列是个宽泛的概念，不仅指运行于中国与欧洲之间的铁路班列，还包括以中亚、西亚、东南亚等国家为目的地的国际铁路联运班列。自2011年重庆首次开行“渝新欧”国际铁路集装箱列车至今，中欧班列已发展了10年，开行城市范围不断扩大，线路不断增加，班次与货运量增长了数百倍，影响力大幅提升，在“一带一路”国际物流体系中的作用日益提高。

中欧班列发展情况

2011年3月19日，首趟中欧班列从重庆出发，历时16天，途径6个国家，行驶11179公里，抵达德国杜伊斯堡，为欧亚大陆开辟了一条新的国际物流大通道。此后，国内多个城市开通这一国际铁路联运业务，特别是2013年中国提出共建“一带一路”合作倡议以来，随着亚洲与欧洲之间经贸合作日益加深，国际贸易规模迅速提升，中欧班列作为欧亚之间国际物流的重要载体得到快速发展，2014年开行数量增长了2倍。之后，中欧班列开行范围进一步扩大，先后开通至中亚、西亚、东南亚等国家的班列，截至2020年铺画专用运行线已达73条，通达21个国家92个城市，境外还箱点累计达80个。2020年，中欧班列在COVID-19疫情冲击下逆势增长，开行数量达12406列，是2012年的近300倍，累计开行33631列，运送货物336.3万TEU，历年开行情况如图7-1所示。

从最初探索尝试到如今渐成规模，中欧班列在促进中国与欧洲及“一带一路”沿线国家资源要素交流互补、产能与经贸合作深化、国际物流效率提高等方面发挥了积极作用，尤其对改善内陆地区物流环境、提高中西部地区产业布局条件与对外开放位势具有重要意义。中欧班列的发

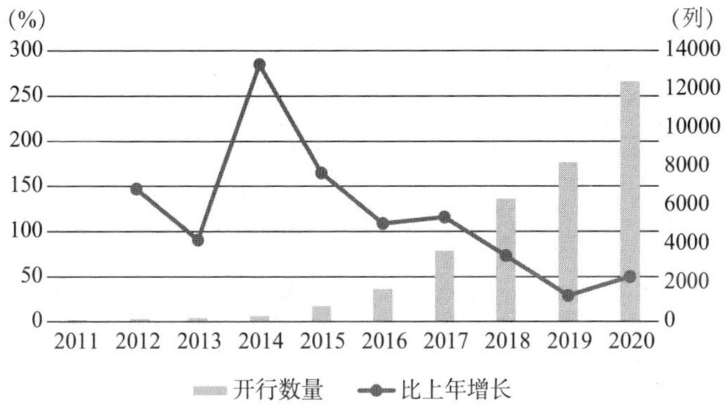

图7-1　2011—2020年中欧班列开行数量与增长速度

资料来源：中国国家铁路集团有限公司。

展已经取得了突出成效，随着市场培育壮大、管理水平提高、协调机制加强、规则日渐完善，发展中显现出的问题也在逐步得到解决和改善。如针对回程空驶问题，各地加强了返程货流组织，往返班列数量日趋均衡；再如开行之初货源以笔记本电脑、移动通信设备等消费类电子产品为主，品类单一，实载率不高，如今货源已扩展到整车及零部件、机械、服装、家电、食品饮料、医药及医疗器械、木材、化工品等数十个品类，2020年综合重箱率已达到98.4%。

中欧班列在“一带一路”陆路物流中的骨干作用

按照五大重点方向、“六廊六路多国多港”总体架构，“一带一路”国际物流发展已形成多种方式、多种路径的运行体系。从中国口岸进出口总体情况来看，海运占据绝对主导地位，超过进出口货运量的1/4，而铁路只占到1.2%，低于公路的2.0%，仅比航空货运量略高（如所图7–2所示）。在“一带一路”区域范围内，尽管海运依然是该区域国际物流体系中最主要的方式，但相比于中国至南北美洲、非洲等地几乎只能依靠海上货运方式，亚欧大陆上还可以采用陆路运输方式，因此，铁路、公路等运输方式发挥的作用相对也更大一些。2018年亚欧航线大宗货物运量为63.96亿吨，其中亚洲至欧洲49.47亿吨、欧洲至亚洲14.49亿吨[1]，集装箱运量2440万TEU，其中西行航线1740万TEU、东行航线700万TEU[2]。同年，中欧班列开行了6363列，运送集装箱总量约56万TEU（图7–1）。此外，公路运输也是亚欧大陆国际陆路运输的一种重要方式，尤其是近年来随着中国与东盟之间的经贸合作不断扩大，中国西南地区与中南半岛各国之间的跨国公路运输得到了快速发展，出现了跨境公路货运班车等新模式，如2020年重庆东盟跨境公路班车共开行2978车次，完成运输约2万吨，

[1] 资料来源：The Royal Institute of International Affairs Chatham House.

[2] 资料来源：UNCTAD.

虽然运量不大，但为该地区的物流服务提供了一份新的保障。

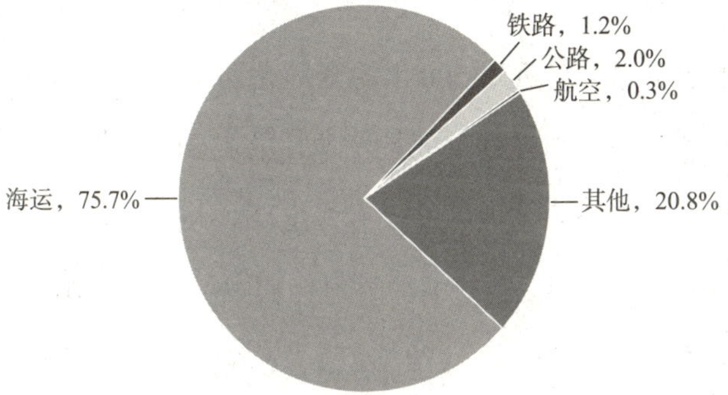

图7-2 2018年中国分运输方式口岸进出口货运量

资料来源：中国口岸年鉴2019年版。

总之，“一带一路”大部分国家和地区陆地相连，相互之间除了传统海运物流方式，陆路运输也发挥着重要作用。后疫情时代，世界不会再依靠一条供应链，自然也不会再依靠一条物流大通道，已经规模化、常态化运行的“中欧班列”将作为另一种选择，在中国与欧洲、亚洲国家之间构建起另一条国际物流大通道，成为“一带一路”陆路物流的骨干运输方式，它不仅仅服务于中国，这也意味着它也不会仅仅拥有中国市场，作为区域经济一体化的一个物流公共服务产品，中欧班列将会获得更广阔的发展空间。

中欧班列在“一带一路”倡议实施中的载体作用

“一带一路”沿线覆盖众多国家和地区，是经济全球化的重要区域，然而在500年的全球化历史进程中，欧亚大陆两端的东亚与发达欧洲是全球化的主要参与者，广大中间地区特别是内陆地区并没有深度融入经济全球化，或者在经济全球化中主要扮演原材料与初级产品提供者的角色，而中国成为一个中介性的“枢纽”，衔接起西方发达国家的创新产业及高端服务业与不发达国家的原材料产业。当前，以中国为中心的东亚生产网络正在沿“一带一路”扩散，扩散的结果是建立了以沿线不同国家和地区为载体的国际供应链，区域经济联系变得更加紧密。国际产能合作是“一带一路”倡议的重要内容，由东亚生产网络扩散形成的供应链上下游协作将成为沿线产能合作的一种重要形式，包括中国中西部地区和欧亚大陆广大中间地区都将通过产业链分工而更加深入地融入经济全球化。不仅如此，随着“一带一路”沿线发展中经济体快速崛起，这一具有庞大人口规模的超级市场将被激活，对各种工业品、消费品的需求也会快速增长。因此，未来在“一带一路”沿线将产生更大规模、更高频次的原材料、中间产品和最终产品的贸易物流，而贯穿沿线国家和地区的中欧班列将成为贸易物流的重要载体。

中欧班列不会取代海运的作用，而且受到运营成本及沿线国家铁路、口岸能力等因素限制，开行规模也不会一直保持快速增长，但中欧班列对于保障区域产业链畅通运转、维护“一带一路”区域供应链稳定方面的作用不断增强。构建跨国供应链不仅需要强大的生产组织能力，还需要可靠的国际物流保障。如2020年全球COVID-19疫情对国际供应链的稳定运行造成了显著影响，一些国家暂停航班航线、切断物流通道是供应链“断链”的重要原因之一。在海运空运多方受阻、运力供不应求、价格大幅上涨的情况下，中国国内许多城市的中欧班列陆续恢复常态化开行，全年开行数量同比增长50%，为防疫物资运输和境内外工程项目建设、企业恢复生产经营、国际供应链正常运行等提供了重要支持。2021年，中国台湾“长赐”号巨型货轮在苏伊士运河搁浅，致使运河堵塞长达120多小时，超过300多艘船舶排队等待通行，运河停摆、货物延误给全球供应链造成严重打击，也使世界经济遭受重大损失。未来类似的“黑天鹅”事件也难以避免，中国携手各国共建“一带一路”必须强化国际物流的安全性与可靠性，有效防范风险，降低不确定性，建立多元化的物流体系，构建稳固的、有韧性的国际供应链，为沿线各国经济持续稳定与繁荣发展提供有力保障。

中欧班列不仅是“一带一路”国际物流的载体，由于涉及国际贸易活动、产业链上下游合作、跨国供应链采购销售等，也成为商流、资金流、信息流的载体，而且涉及与海运班列的衔接、集卡的集疏运、转运仓储与通关等全程物流服务。因此，中欧班列也是“一带一路”国际供应链众多增值服务的载体，跨国物流供应商服务网络与跨国制造、零售企业全球生产销售网络的同步拓展，将围绕中欧班列构成一个融合交易、金融、数据等产业开放、多元化的供应链生态系统。

中欧班列与海运物流的协调发展

海陆双向物流大通道是“一带一路”国际物流总体格局，在海运物流格局基本稳定的背景下，“一带一路”国际物流发展应围绕中欧班列寻求陆向拓展，但这必须以海陆物流的协调发展为前提，既要考虑陆路物流发展对区域内国际物流体系整体稳定性、可靠性和多元性的贡献与作用，也要考虑在传统海运主导格局中，中欧班列等陆路物流可能获得的市场地位与生存空间。铁路与海运具有各自的技术经济特征，运输能力相差巨大，如中欧班列的运输能力平均为80~100TEU/列，而亚欧航线以15000~18000TEU的集装箱船为主力船型，而且中欧班列受沿线线路、场站与口岸等设施能力限制，运能将在未来几年达到“天花板”，实际上对班轮运输市场份额的分切有限，此外，中欧班列开行以来带动了内陆地区产业布局、对外贸易的加速发展，产生了一定规模的增量需求，相当于做大市场“蛋糕”，而非简单挤出与替代。因此，在“一带一路”倡议下，应从协作互补的角度推动中欧班列与海运物流的协调发展。

中欧班列与海运物流设施网络的衔接互补

中欧班列从最初一个开行城市、一条运行线路到如今东中西三条运输通道、往返逾百条线路、连通境内外100多座城市，网络覆盖范围不断扩大，沿线境内场站、线路、口岸等设施也不断完善，未来通过集结中心的合理布局与集散网络建设，境内服务网络将更加完善。同时，随着班列开行数量的持续增加，境外沿线国家也在积极提升基础设施，但总体而言设施能力与效率都有一定制约。中亚国家口岸设施不足，欧洲货运铁路网络发展不均衡，沟通北海—地中海的南北向铁路通道仍较匮乏，贯通东西的铁路从欧盟门户波兰到德国的通道长期以来较为单一，而且沿线国家铁路轨距不同，需要多次换装。因此，基础设施网络对中欧班列的发展形成一定制约，尤其是境外网络中国能够发挥主动作用、推动网络完善的范围十分有限，各班列运营企业正在积极开发欧洲本地场站，并取得了显著成果，但对网络化运营更为重要、开发难度也更大的战略性跨境场站和中转场站，依然缺乏有效的推动手段。

相比之下，亚欧之间的海运网络已较为完善，全球前十大集装箱港全部位于“一带一路”沿线（见表4–5），中国海运连通指数位居世界第一（见表6–2）。但也应该看到，中欧班列与国际海运之间也存在网络的互补性，比如一些班列公司利用欧亚大陆桥深入内陆的大通道，开发海陆联运服务产品，获得了良好的市场反馈，未来中欧班列也可成为这条物流链上的衔接环节，或者成为整个链条的组织者，而海运多年发展形成的港口集疏运网络，也为中欧班列集散范围扩大与效率提升提供了有力支持。

中欧班列与海运物流运营网络的相互渗透

国际班轮行业已形成较为成熟的市场，船舶大型化、行业集中化和运营联盟化是长期以来行业发展的基本趋势，但近年来均放缓了脚步，18000~23000TEU的超大型集装箱船近期没有被突破的迹象，班轮公司之间横向并购接近尾声，2M联盟、海洋联盟和THE联盟形成三足鼎立，市场格局在一段时期内将基本稳定。三大航运联盟囊括了世界上最大的10家班轮公司，总运力份额占到全球的2/3，看似形成寡头垄断，但行业实际仍处于高度竞争状态。根据2019年10月5日的Alphaliner数据计算得到的班轮行业赫芬达尔–

赫希曼指数[1]值约为1080，仍处于竞争型市场区间。在加速变动的行业形势和激烈的市场竞争下，传统航运企业也在积极寻求转型，如全球第一大班轮公司马士基航运声称要从集装箱航运公司转变为一体化全程物流营运商，并为此整合了海洋、内陆与货运供应链等服务。

中欧班列由于发展时间较短，且开行城市以内陆地区为主，经济总量和对外开放水平相对较低，国际物流有效需求不足，班列运营企业即各开行城市组建的中欧班列平台公司为争夺货源展开无序竞争。2017年，由相关企业和单位及研究机构广泛参与的中欧班列运输协调委员会成立，成为中欧班列各参与者之间交流沟通、共商发展的合作平台。2018年，重庆、郑州、武汉、义乌、长沙等5个城市的中欧班列运营平台联合发布《中欧班列高质量发展倡议书》，提出要坚持"高质量、市场化"的发展道路，着力开发高端市场，优化运输组织及货物集结分拨等各环节操作流程，努力提升班列重载率、计划兑现率、运输安全、运

[1] 赫芬达尔–赫希曼指数（Herfindahl–Hirschman Index，HHI）是一种测量产业集中度的综合指数，指一个行业中各市场竞争主体所占行业总收入或总资产百分比的平方和，用来计量市场份额的变化，即市场中厂商规模的离散度。根据欧洲标准，HHI值小于1500为竞争型市场，1500~2500为适度集中型市场，大于2500为高度集中型市场。

输货值等指标水平，有效降低运营成本。2020年，国家支持郑州、重庆、成都、西安、乌鲁木齐5个中欧班列枢纽节点城市开展中欧班列集结中心示范工程建设，促进班列开行由“点对点”向“枢纽对枢纽”转变，加快形成“干支结合、枢纽集散”的高效集疏运体系。随着市场培育壮大和资源要素整合聚集，各地班列运营企业将逐步步入有序竞争，彼此加强协同合作。

中欧班列与海运班轮均已形成高度竞争性的市场，班轮市场在经济全球化、集装箱技术革命等背景下，由需求拉动形成，背后由国际资本推动，而中欧班列则是地方政府尤其是内陆城市政府出于改善当地物流条件、支撑外向型经济发展的目的而培育起来的，具有较强的政治意义，发展也比较依赖行政手段。从企业资源获取与货源组织能力、经营管理水平等角度，二者也各有利弊，班轮公司市场经营能力较强，资本实力雄厚，而班列企业则有政府的大力支持，在日趋激烈的市场竞争中，管理水平也不断提高。班轮公司已经开始了国际物流领域的垂直整合进程，中欧班列也在延伸全程一体化服务。未来海陆物流会出现更多业务组合，满足多元化、“门到门”物流服务需求，特别是以日韩、东南亚国家和中亚等内陆国家为起讫点的国际物流需求，中欧班列与国际班轮会形成新的竞合格局。

中欧班列与跨境电商的融合创新

中欧班列的技术经济特征决定了其服务对象主要为单位货值相对较高、物流服务时效性要求介于海运与空运之间的货物。长期以来，中国的产业结构与消费结构导致生产流通体系中这类货物的比重并不高，造成中欧班列开行之初货源结构单一，有效需求不足。随着中国特别是规模化开行班列的广大中西部地区经济结构调整升级，货类结构也同步升级。而且中欧班列逐步网络化运营产生的规模经济效益显著降低了物流成本，越来越多的货物适于采用中欧班列运输，其中就包括依托国际电商平台交易的各类商品。

近年来，中国及世界上许多国家跨境电商进入快速发展期，目前仍以B2B业务为主，但B2C业务增长迅猛，如2012—2019年中国出口跨境电商网络零售市场交易规模由0.22万亿元增长至1.73万亿元，增长了6.8倍，年均增速

34.3%。相应的国际物流需求也不断增长，国际航空邮包、快递和国际集装箱海运均为跨境电商提供了物流解决方案，但前者成本较高，后者时效性难以满足B2C业务需求。海运的大批量长途运输与海外仓的前置仓储相结合，实现了顾客下单后就近配送，兼顾了跨境电商成本与时效性要求，但长达6 ~ 8周的周转时间降低了供应商对市场的快速反应能力并增加了存货与资金成本。国际铁路联运为跨境电商提供了新的物流方式选择，货物在途时间较海运大幅压缩，加之各大电商平台在相关国家和地区广泛布局的转运枢纽与仓配网络，大大提高了商品的周转效率，减少了资金占用，综合成本与时效性正在得到市场的认可。

“一带一路”沿线跨境电商市场潜力巨大，中国在其中发挥着重要作用。国际邮政公司发布的跨境电商报告显示，2018年欧洲跨境包裹中38%来自中国，位居第一，其次是占比15%的美国。俄罗斯、乌克兰、波兰、泰国、埃及等54个国家是中国出口跨境电商的主要销售市场。同时，中国也是许多沿线国家商品的主要进口国，50多个国家商品通过跨境电商平台进入中国，其中进口量比较大的国家包括立陶宛、黑山、孟加拉国、阿曼、塔吉克斯坦、罗马尼亚、克罗地亚等。“一带一路”跨境电商的迅猛发展需要国际物流大通道的强力支撑。2018年，中国阿里巴巴集团和比利时政府在列日签署战略协议，eWTP正式进入欧洲，2019年，eWTP全球创新中心落地中国义乌。在此期间，中欧班列首条跨境电商专线“菜鸟号”在郑州正式开通，目的地为比利时列日LLI车站，一年时间内开行了150个班次，此后，中欧班列（义乌—列日）“世界电子贸易平台（eWTP）菜鸟号”开通，上述班列在到达后通过当地物流渠道，将载运的数以万计商品迅速分发至德国、法国、荷兰等欧洲国家。由中欧班列与跨境电商平台、国际物流企业共同打造的物流大通道显著提高了“一带一路”电商交易的物流时效，对扩大沿线贸易规模、增强对中欧班列的货源支撑、推动各国企业深度合作具有重要意义。

中欧班列国际规则的统一与完善

经济全球化进入新阶段，新型经贸规则正在构建之中，适应区域经济一体化的国际物流规则也亟待创新发展。“一带一路”是中国倡议和推动、以特定方向与区域为重点的全球化合作平台，中国在相关经贸与物流规则制定中也应主动作为，而超大规模国内市场、新一代信息技术支撑的物流新业态等都为中国在这一区域引领规则构建提供了可能性，特别是在尚未形成统一规则的陆路物流领域，中欧班列的规模化发展将成为一个难得的机遇和载体。

中欧班列沿线国家的铁路分属于“国际货约”与“国际货协”两大规则体系，相互之间运输规则、标准规范、计费办法、结算方式等均不相同，在联运过程中不仅需要多次换装，还要进行换单作业，使用不同货币分段结算，增加了成本，降低了效率，提高了多式联运经营人对物流全过程协调组织的难度，也加大了一些环节的风险与不确定性，这些都会降低中欧班列市场竞争力。而且，国际规则不统一，中国作为中欧班列的发起者、组织者和最大的客户就很难发挥主导性作用，打通上下游环节，引导班列相关产业规模化、网络化发展。另外，铁路运单与海运提单不同，没有物权属性，在国际贸易中不具备金融功能，这也制约了中欧班列产业创新发展和对国际供应链的支撑能力。

长期以来，推动国际物流规则修改都很艰难，如国际海运领域的“鹿特丹规则”制定至今已10余年，一直未生效，主导国际海运业的仍为半个世纪以前由欧美国家制定的“海牙规则”与“海牙-维斯比规则”。在欧亚大陆，中欧班列沿途经过的国家经济发展水平差距较大，一些国家铁路设施建设与运营能力较为落后，此外还受到地缘政治因素影响，要想改变国际铁路联运规则，可能要付出很大努力和成本。但即便如此，相比于其他物流领域国际规则已形成复杂体系并深植于国际贸易环节，中欧班列涉及的陆路物流领域格局未定，不断尝试和推动仍然有望打开新的局面。而且，在中欧班列的发展实践中，在中国的努力下，既有规则的修订完善也取得了一定突破，比如《国际货协》中“禁止跨境铁路运输邮政专用品”条款的废除，就改变了亚欧大陆桥60多年来不运邮的历史，拓展了中欧班列的市场空间。

国际物流规则的制定需加强顶层设计，协调“国际货约”与“国际货协”成员共同参与，重点统一技术标准、安全管理制度、运输单证、运价费率、结算方式等，建立统一开放市场。加强与国际商会（ICC）等国际组织合作，推动国际铁路联运规则与《国际贸易术语解释通则》（INCOTERMS）、《托收统一规则》、《联合运输单证统一规则》和《跟单信用证统一惯例》等国际贸易规则融合创新发展，探索国际贸易交易与结算新方式，推动人民币国际化。强化与海运、公路等运输规则衔接，创建多式联运单证，支持发展“一单到底”物流业务。探索赋予国际铁路联运和多式联运单证物权功能，拓展单证金融功能等。相关规则的统一规范、完善创新将为中欧班列发展营造良好的国际市场环境，也将为“一带一路”陆路物流体系建设提供更加有力的支撑。

中欧班列在国际物流规则方面的开拓探索还体现在跨境电商领域。电商在中国有着深厚的市场基础，带动了服务于电商的快递等物流行业快速扩张，为拓展国际市场奠定了坚实基础和积累了丰富经验。由电商领域推出的电子面单推动了快递服务的标准化、自动化、数字化，其作用类似于20世纪中期集装箱的出现，促成了物流领域的一次深刻变革。当前，中国正借助电商产业规模化和先发优势，在“一带一路”沿线率先构建和完善国际贸易“单一窗口”数字口岸、跨境电商零售商品海关税收征管、无纸化贸易、跨境数据流动、网络安全、个人信息隐私保护等领域的跨境电子商务规则体系，对接沿线国家现有跨境电商规则体系，2020年底正式签署的RCEP也已纳入电子商务相关内容。中国海关牵头制定的《世界海关组织跨境电商标准框架》是世界海关跨境电商监管与服务的首个指导性文件。由中国电商巨头阿里巴巴提出的eWTP已被写入G20领导人杭州峰会公报，对于市场主体共同推动建立跨境电商国际贸易规则具有积极影响。跨境电商这一“网上丝绸之路”与中欧班列“陆上丝绸之路”，通过“海外仓+中欧班列+国内保税仓”的闭环运作，布局“一带一路”沿线国家，形成24小时响应的跨境电商物流国际协作体系，是物流通道带动经济走廊建设、经济走廊支撑物流通道运行这一中国成功模式的“国际版”，不仅能够促进“一带一路”贸易物流的发展，而且有望重塑区域贸易规则。

小结

本章在前文提出的中国在经济全球化新阶段、“一带一路”倡议下，稳固海运物流格局、寻求国际物流陆向拓展这一应对策略的基础上，提出围绕中欧班列发展陆路国际物流的具体策略。中欧班列是“一带一路”陆路物流的骨干方式、新经济新技术新业态下国际供应链的重要载体。发展中欧班列与“一带一路”倡议打造的经济全球化新范式，在治理结构、空间格局、科学技术与规则体系四个维度发展趋势上高度契合，是中国推进“一带一路”倡议、更好融入和引领新阶段经济全球化的重要举措。中欧班列与海运物流应形成协调发展关系，共同在“一带一路”倡议下构建海陆双向物流空间格局，还要与跨境电商这一引领国际贸易合作的新业态融合创新发展，加强国际规则的统一与完善，为中国及沿线国家和地区发挥后发优势、凝聚发展合力，共同推动“一带一路”建设和重塑经济全球化新格局提供系统性支撑。

LAND AND MARINE IN COORDINATION

International Logistics under
Radically Changed Globalization

08

在全球化新变革中推进国际物流发展

中国在经济全球化新阶段提出“一带一路”倡议，在新的治理结构、空间格局、科学技术与规则体系维度下，国际物流的发展应稳固和进一步提升自身在海运领域既有优势，同时围绕中欧班列的发展，强化对陆路国际物流资源的整合能力，带动“一带一路”沿线特别是内陆地区的发展。这一发展对策可以分为三个层次：一是做强做优中欧班列，在国际物流新领域建立新优势；二是以中欧班列为平台，寻求国际物流陆向拓展，推动“一带一路”物流体系建设；三是着眼中国在经济全球化新阶段重塑国际地位，相应地主动建设和完善国际物流体系、推动全球化深入发展。

推动中欧班列健康有序发展

相比于已经发展成熟的国际海运贸易，中欧班列仍处于起步发展阶段，方方面面都在摸索中前进，对于其创造的价值、未来的前景等仍存在很多不确定性。也有学者和物流业者认为，中欧班列尽管在时效性方面优于传统海运，但物流成本过高、有效需求不足，难以与海运竞争，其发展完全由地方政府以补贴方式推动，不符合市场规律，一旦补贴机制彻底退出，中欧班列将难以为继。但笔者认为，中欧班列在中国以“一带一路”倡议为平台，主动推动和参与经济全球化的进程中具有重要的载体作用，在“一带一路”国际物流体系陆向拓展中发挥着骨干作用，而且，中欧班列开行城市以内陆城市为主，原本物流成本就远高于沿海城市，因此，中欧班列对于改善当地物流条件具有实际意义，只是由于内陆地区经济发展水平相对落后、物流有效需求不足，使其作用没有得到充分发挥。因此，应着眼于中欧班列自身特点和“一带一路”国际物流发展要求，统筹推进中欧班列设施建设与运营管理，实现健康有序发展。

进一步完善基础设施与服务网络

国内重点加强中西部地区干线铁路联通，推进西部陆海新通道等网络设施建设，与中欧班列强化运行组织衔接，提高边境口岸换装与通过能力，与国家物流枢纽规划建设相结合，优化布局集结中心，提升重要枢纽的资源聚集与辐射能力。推动与“一带一路”沿线国家和地区基础设施互联互通，完善海外枢纽节点布局，在欧洲本地场站建设取得积极进展的基础上，与当地企业加强合作，积极参加战略性跨境场站和中转场站建设，构建境内境外高效协同、一体化运营的服务网络。

深化双多边合作和加强政策协同创新

努力提高沿线国家对“一带一路”倡议的认可度、参与度，建立顺畅的政府间沟通协调机制。重点解决国际货约/国际货协统一运单使用中存在的提前沟通所需时间过长等问题，扩大统一运单使用范围，减少中间换单工作量，提高班列运行效率。以中欧班列为载体，加强金融等政策创新，探索建立互惠互利的国际经贸与物流新规则。

综合施策促进降本增效和培育有效需求

通过合理安排中欧班列线路与班次、提升班列服务能力、培育壮大市场规模和优化政策环境，促进综合物流成本的下降和全程服务效率的提升。近期在完善网络、提升通关效率、优化运输组织等方面下功夫。远期通过中欧班列的发展，改善沿线的物流环境，结合中西部地区扩大开发开放和强大国内市场建设，引导产业在内陆地区集聚和扩张，通过加强对外产能合作，带动沿线国家经济发展，从而扩大班列的市场需求，依托规模经济效益与网络化运营，实现可持续的降本增效。

推动政府补贴向社会效益补偿方向转变

中欧班列在节能减排、改善内陆城市物流环境、带动地方经济发展等方面具有明显的社会效益，这也是地方政府采用补贴方式推动中欧班列发展的重要考量。应研究量化评估中欧班列发展带来的外部社会效益，引导外部效益内部化，形成推动班列发展的内生动力。从实现社会福利最大的角度，制定班列补贴政策。结合碳达峰、碳中和[1]各项工作，探索建立中欧班列碳排放权交易机制，获取资金反哺班列的发展，逐步取代现行的直接补贴政策，解决中欧班列发展普遍过度依赖政府补贴的问题。

[1] 碳达峰是指中国承诺2030年前二氧化碳的排放不再增长，达到峰值之后逐步降低。碳中和是指国家、企业、产品、活动或个人测算在一定时间内直接或间接产生的二氧化碳或温室气体排放总量，通过植树造林、节能减排等形式，实现正负相抵，达到相对“零排放”。

系统性推进“一带一路”国际物流发展

“一带一路”为沿线国家和地区积极参与和主动推动经济全球化提供了合作平台，国际物流是合作的重要载体。相比于世界上其他大陆和洲际间国际物流以海上连通为主，“一带一路”欧亚大陆上陆路物流能够发挥更大作用，而且从带动沿线特别是内陆地区发展的角度，拓展陆路物流意义也更加重大。通过中欧班列的发展寻求“一带一路”国际物流陆路方向的拓展，还要协调好与其他物流方式的发展关系，最终目标是要在这一区域构建一个互联互通、模式多元、技术先进、机制顺畅的国际物流体系。

推动海陆空多种物流方式协调发展

发挥中国海运连通度高及超级大港与商船队规模化优势，提升国际海运竞争力，扩大在“一带一路”沿线海运物流市场份额，加快由海运大国向海运强国转变。逐渐补齐国际航空货运短板，壮大货运航空机队规模，发展全货机运输和货运枢纽机场，重点加强国际航空快件、跨境冷链物流等领域的国际协作与市场开拓。以强化内陆地区对外连通为重点，着力推动陆路物流发展，依托重要沿边口岸，规模化、网络化发展国际铁路联运与跨境公路物流，特别是在COVID-19疫情全球蔓延，国际物流市场供需失衡、剧烈波动的背景下，提升中欧班列等货运通道能力，全力承接海运、空运转移货源，稳定国际供应链。

加强与沿线国家地区的互联互通

按照“一带一路”“五通”的合作框架，加快推进包括中国东部沿海、中西部内陆在内的广阔国土空间与境外重要通道、枢纽的互联互通。加快国内沿海港口的转型升级，以铁路进港区为重点完善港口集疏运体系，提高重点地区货运通道能力。支持企业作为战略投资者，积极参与境外关键通道、枢纽的建设运营，利用中国超大规模市场优势，加速形成围绕相关通道、枢纽的资源聚集，提升其在国际物流网络中的地位，实实在在地为当地创造物流服务便捷性和经济社会发展机遇，引导“一带一路”国际物流空间格局演变。

依托技术进步与业态创新带动沿线贸易物流升级

在继续深化“一带一路”传统贸易合作的同时，用好进博会、广交会、中国–东盟博览会等平台，着力开拓国际贸易新领域。发挥跨境电商独特优势，利用全国145个跨境电商综合试验区的基础设施、商业资源和优惠政策，推进新业态发展，完善跨境电商物流网络，鼓励国内电商龙头企业与“一带一路”沿线国家合作，打造世界电子贸易枢纽，支持企业共建共享海外仓，提升跨境电商国际采购与境外交付能力。加快物流领域技术创新，发挥中国在5G、北斗导航等领域已经形成的基础设施与技术优势，与“一带一路”产能合作相结合，打造以国际物流为应用场景的工业互联网，在跨境电商物流、中欧班列等具有市场主导地位的领域，积极推广中国标准规范，构建广泛适用的技术体系，推动新的技术变革。

完善“一带一路”国际物流规则体系

顺应经济全球化新阶段国际贸易规则演变趋势，在“一带一路”倡议框架下，以国际物流为载体，推动包括国际多式联运、跨境基础设施建设、境外项目投融资、数据信息共享与保护等在内的一揽子新规则的建立。逐步将“一带一路”打造的新规则体系，纳入既有国际经贸规则体系当中，对冲国际贸易格局调整、规则重构对中国产生的不利影响。

围绕物流通道与枢纽打造经济走廊

“一带一路”国际物流体系的建设离不开国家实力的支撑，但要坚持以市场为主体，以需求为导向，降低经营风险，提高项目的成功率。“一带一路”沿线基础设施短缺、服务体系不健全、物流现实需求不足，对物流领域的投资缺乏市场支撑，而物流短板又进一步制约了当地的经济发展。为此，在建设物流通道、枢纽的同时，应加强对沿线产业布局与企业投资的引导，主动推动中国生产网络沿“一带一路”扩散，打造经济走廊，由沿经济走廊形成的国际供应链为通道、枢纽运行提供市场需求，由“一带一路”物流体系为区域经济合作提供支撑保障，形成良性互促、可持续发展局面。

更好融入经济全球化国际物流体系

“一带一路”是中国适应国际经贸格局新形势、新变化发出的倡议，也是中国以负责任的大国担当，针对经济全球化出现的矛盾与问题提出的解决方案。因此，“一带一路”物流体系建设不仅是为了给区域内经贸合作提供更好的物流服务，也是为了推动中国与沿线国家更深度融入全球物流体系、携手推进经济全球化创造条件。应把握经济全球化与国际物流相互影响的四个主要维度，总结历史规律，从中国更好地参与和引领经济全球化的角度，加强国际物流体系建设。

有效保障战略通道的通畅安全

从历史进程看，战略通道在国际物流格局中一直占据重要地位，但对通道的控制已经从过去的武力强权逐步过渡到现在的资本渗透。在经济全球化新阶段，同样需要高度重视对战略通道安全与通畅的保障，特别是随着全球化空间格局的演变，新兴市场崛起，投资热点地区变化，更多国家和地区加入国际供应链网络，一些新的通道、枢纽的战略地位、经济价值将随之提升，需要进行前瞻性布局和实质性参与。在一些经济基础薄弱、地缘政治敏感、安全环境恶劣、政策不确定性强、政府执行力弱的地区，更要以通道的保通保畅维护中国的海外利益，除了依托国家力量加大保护力度以外，还要通过经济合作、产能互补形成共同利益，支撑通道可持续运行。另外，COVID-19疫情暴发后，各国采取的管控措施严重阻断了国际物流正常运行，在此期间中欧班列、eWTP枢纽发挥的重要作用显示出多元化通道体系的重要性，也为后疫情时代中国国际物流体系建设奠定了坚实基础和提供了宝贵经验。

围绕新技术构建完整的规则、标准体系

没有造船与航海技术的发展就没有全球化，没有集装箱也不会形成今天的全球化生产网络与分工格局，国际物流与经济全球化在技术领域一直相互支撑，在规则方面也相互融合。美国曾经藉由集装箱运输技术的发展，建立了

包括设施装备、运行操作、单证规则等在内的一整套标准化物流运行体系，大大提高了国际物流效率，引发国际港口代际更替，也引领了全球产业转移。经济全球化已经由以海运为主的物流支撑体系向多元化的国际物流模式发展，技术、规则、标准都将面临调整。中国在电商物流领域依托电子面单实现了信息标准化与共享联通，依托eWTP规则加强了与多国之间跨境电子贸易合作，已经取得了一些成果与进展。应在此基础上，进一步加快物流新技术的研发应用，与相关国家和地区共商制定物流与贸易的新标准、新规则，搭建互联互通的公共信息平台，开展物流大数据分析与综合管理决策，推进通关一体化便利化，对物流全过程开展共同监管，在经济全球化的物流软环境构建方面，发挥主动性作用。

创新物流运营模式和不断开辟新市场

经济全球化的初始阶段，国际物流与国际贸易是同一运营主体，随着国际贸易规模的扩大，对物流效率与专业化水平的要求不断提高，开始出现港口码头、班轮公司等独立资本，并衍生出代理、保险、航运交易、金融结算等新业态。正是由于这些新业务模式的出现，伦敦、纽约等老牌国际物流中心在货运业务相对衰落之后，仍然能够聚集大量资源，维持全球航运中心地位。经济全球化或将面临新一轮产业转移，新制造业中心与新兴市场的崛起都将牵动国际物流格局的调整。中国应面向未来新的全球供应链网络，持续发展物流新业态、开辟物流新市场，这既是传统国际物流中心转型升级的方向，也是新的物流中心提升竞争力、快速融入全球物流网络的重要手段，是在经济全球化中推动国际物流发展的有效举措。

小结

前文提出了稳固海运物流格局，围绕中欧班列寻求“一带一路”国际物流陆向拓展，以此作为中国在全球化新变局中国际物流发展的应对策略。本章在此基础上，从三个层面进一步提出具体对策建议：一是聚焦中欧班列自身发展，从完善网络、深化合作、创新政策、降本增效、培育需求等方面提出对策建议，并针对中欧班列发展高度依赖补贴的问题，提出相应举措；二是聚焦“一带一路”倡议的实施，围绕国际物流陆向拓展的核心策略，提出海陆物流协调发展、沿线国家互联互通、加强技术与模式创新、统一完善规则体系、沿通道打造经济走廊等对策建议；三是聚焦经济全球化中的国际物流发展，结合治理结构、空间格局、科学技术、规则体系四个维度，提出保障战略通道安全通畅、围绕新技术构建规则标准体系、创新物流运营模式和努力开拓新市场等对策建议。这些对策建议对中国依托“一带一路”倡议，在经济全球化新阶段重塑国际地位，确定国际物流发展的战略方向和制定具体政策具有一定的参考意义。

参考文献

中文部分

侯方淼，2008.现代物流：国际贸易的加速器［J］.财经科学（4）.

洪观，2019.经济全球化是世界共同繁荣之路［N］.经济日报，2019-6-28（1）.

习近平，2016.面向未来开拓进取 促进亚太发展繁荣——在亚太经合组织第二十四次领导人非正式会议第一阶段会议上的发言［N］.人民日报，2016-11-22（2）.

习近平，2017.决胜全面建成小康社会夺取新时代中国特色社会主义伟大胜利——在中国共产党第十九次全国代表大会上的报告［N］.人民日报，2017-10-28（1）.

中国优选法统筹法与经济数学研究会，2008. 2007—2008管理科学与工程学科发展报告［M］.北京：中国科学技术出版社.

苏东水，2005.东方管理学［M］.上海：复旦大学出版社.

陈春花，赵海然，2018. 共生：未来企业组织进化路径［M］. 北京：中信出版社.

成中英，2017. C理论：中国管理哲学［M］. 北京：中国人民大学出版社.

魏江，刘洋，等，2020. 非对称创新战略：中国企业的跨越（理论辑）[M].北京：科学出版社.

吴刚，陈兰芳，张燕，2012. 区域物流网络规划研究现状及若干关键问题[J].武汉理工大学学报，36（2）.

杨月锋，赖永波，2018. 31个省域物流业发展水平聚类分析与评价[J].沈阳农业大学学报（社会科学版）(5).

徐敏，吴京戎，李鑫，2020.基于DEMATEL在PC构件物流节点绩效影响因素分析[J].物流工程与管理（5）.

周凌云，穆东，2009.区域物流系统的协同演化研究[J].北京交通大学学报（社会科学版），8（2）.

高康，王茂春，2019.区域经济与物流协调发展的系统动力学研究[J].统计与决策（4）.

周润泽，2019.基于关键词的国内管理科学与工程领域研究热点透析[J].全国流通经济（1）.

保建云，2019.国际大变局、不确定性困境与欧盟的未来——一个超级博弈论的解释[J].人民论坛·学术前沿（6）.

李景华，2018.国际贸易摩擦形成的博弈机制及应对[J].人民论坛·学术前沿（16）.

宋春子，2014.全球价值链分工对国际贸易摩擦的影响研究——基于中国的案例分析[D].沈阳：辽宁大学.

王春芝，2004.国际物流通道优选理论方法与实证研究[D].长春：吉林大学.

王杰，2007.国际航运中心形成与发展的若干理论研究[D].大连：

大连海事大学.

罗伯特·吉尔平，2006.国际关系政治经济学［M］.杨宇光，等，译.上海：上海人民出版社.

李滨，姚鸿，1999.民族主义·自由主义·马克思主义——国际政治经济学理论流派、学术渊源和当代代表［J］.欧洲（10）.

亚当·斯密，2008.国民财富的性质和原因的研究［M］.郭大力，王亚南，译.北京：商务印书馆.

罗伯特·基欧汉，2006.霸权之后：世界政治经济中的合作与纷争［M］.苏长和，等，译.上海：上海人民出版社.

威廉·P.安德森，2017.经济地理学［M］.安虎森，等，译.北京：中国人民大学出版社.

保罗·克鲁格曼，2002.地理和贸易［M］.张兆杰，译.北京：北京大学出版社.

约翰·冯·杜能，1986.孤立国同农业和国民经济的关系［M］.吴衡康，谢钟准，译.北京：商务印书馆.

荣朝和，许庆斌，1991.关于国民经济运输化问题的思考［J］.技术经济（3）.

荣朝和，2016.对运输化阶段划分进行必要调整的思考［J］.北京交通大学学报，40（4）.

李嘉图，2009.政治经济学及赋税原理［M］.丰俊功，译.北京：光明日报出版社.

迈克尔·波特，2012.国家竞争优势［M］.李明轩，邱如美，译.北京：中信出版社.

张志英，杜枫，胡江云，2013.国际分工理论的发展（一）[N].中国经济时报，2013-2-4（5）.

张志英，杜枫，胡江云，2013.国际分工理论的发展（二）[N].中国经济时报，2013-2-5（5）.

马克思，1975.资本论：第一卷[M].北京：人民出版社.

北京对外贸易学院，1959.马克思、恩格斯、列宁、斯大林论国际贸易[M].北京：中国人民大学印刷厂.

约瑟夫·熊彼特，1990.经济发展理论[M].何畏，易家详，译.北京：商务印书馆.

E.M.罗杰斯.唐兴通，郑常青，2016.创新的扩散：第五版[M].张延臣，译.北京：电子工业出版社.

周绍东，2009.分工与专业化：马克思经济学与西方经济学比较研究的一个视角[J].经济评论（1）.

王春豪，2017.丝绸之路经济带建设中跨国供应链形成机制及影响因素研究[D].北京：对外经济贸易大学.

李文锋，2011.全球供应链运营模式对提升我国外贸核心竞争力的启示及思考[J].国际贸易（11）.

孙佳，程娜，2012.分工理论的演进发展及对我国制造业产业升级的启示[J].求是学刊，39（4）.

何帆，1998.经济全球化的三次浪潮[J].世界知识（3）.

何帆，邹静娴，2016.国际宏观经济政策的协调[J].中国金融（20）.

托马斯·弗里德曼，2008.世界是平的：21世纪简史[M].何帆，肖莹莹，郝正非，译.长沙：湖南科学技术出版社.

金碚，2016.论经济全球化3.0时代——兼论“一带一路”的互通观念［J］.中国工业经济（1）.

张蕴岭，2008.构建和谐世界：理论与实践［M］.北京：社会科学文献出版社.

金碚，2020.以新范式思维认识和应对经济全球化格局的新变化［J］.经济与管理研究，41（3）.

Stephen D. King，2019.世界不是平的［M］.于展，译.北京：中信出版集团.

Branko Milanovic，2019.全球不平等［M］.熊金武，刘宣佑，译.北京：中信出版集团.

Thomas Piketty，2014. 21世纪资本论［M］.巴曙松，等，译. 北京：中信出版集团.

弗里德里希・李斯特，1961.政治经济学的国民体系［M］. 陈万煦，译.北京：商务印书馆.

上海社会科学院世界经济研究所宏观分析组，薛安伟，2018.复苏向好的世界经济：新格局、新风险、新动力——2018年世界经济分析报告［J］.世界经济研究（1）.

芬巴尔・利夫西，2018.后全球化时代：世界制造与全球化的未来［M］.王吉美，房博博，译.北京：中信出版集团.

欧定余，彭思倩，2019.逆全球化背景下东亚区域经济共生发展研究［J］.东北亚论坛（4）.

张晓颖，2018.国际经贸规则发展新趋势及中国的对策研究［D］.北京：外交学院.

郑归初，2020.经济全球化是历史发展的必然［N］.人民日报，2020-4-21（17）.

陈伟光，蔡伟宏，2017.逆全球化现象的政治经济学分析——基于“双向运动”理论的视角［J］.国际观察（3）.

杰弗里·蒂尔，2013. 21世纪海权指南：第二版［M］. 师小芹，译. 上海：上海人民出版社.

马克·莱文森，2008.集装箱改变世界［M］.姜文波，译.北京：机械工业出版社.

杨子刚，郭庆海，2007.经济全球化背景下国际物流的发展现状及趋势［J］.中国流通经济（11）.

王庆云，张国强，2001.经济全球化与经济物流［J］.交通运输系统工程与信息（8）.

张世琪，郭健全，2020.“一带一路”沿线国家交通基础设施质量、物流绩效对我国经济增长的影响［J］.沈阳工业大学学报（社会科学版）(1）.

陶章，乔森，2020.“一带一路”国际贸易的影响因素研究——基于贸易协定与物流绩效的实证检验［J］.社会科学（1）.

陆华，王晓平，王鑫宇，2018.“一带一路”沿线物流枢纽网络体系建设研究［J］.宏观经济研究（11）.

阿尔弗雷德·赛耶·马汉，2012.海权论［M］.一兵，译.北京：北京日报出版社.

李强华，2012.基于近代海洋意识觉醒视角的魏源“海国”理念探究［J］.上海海洋大学学报（5）.

中国社科院近代史所，等，2011.孙中山全集：第六卷［M］.北京：中华书局.

胡锦涛，2012.坚定不移沿着中国特色社会主义道路前进为全面建成小康社会而奋斗——在中国共产党第十八次全国代表大会上的报告［N］.人民日报，2012-11-18（1）.

刘笑阳，2013.海洋强国战略研究——理论探索、历史逻辑和中国路径［D］.北京：中共中央党校.

范斐，2014.世界海洋运输格局时空演化［D］.上海：华东师范大学.

李兵，2015.国际战略通道研究［D］.北京：中共中央党校.

贾大山，2013.海运强国战略［M］.上海：上海交通大学出版社.

汪鸣，2015.交通互联互通："一带一路"的重要内容［N］.光明日报，2015-11-29（8）.

庞中英，2012.全球治理与世界秩序［M］.北京：北京大学出版社.

何帆，2006.经济学家为什么不谈全球化［J］.中国改革（6）.

谢雨蓉，2018.传统运到现代物流融合与创新发展［M］.北京：人民交通出版社.

中国物流与采购联合会，中国物流技术协会，中国物品编码中心，等，2006. GB/T. 18354-2006.物流术语.北京.全国物流标准化技术委员会.

田贵平，2007.物流经济学［M］.北京：机械工业出版社.

黄新祥，陈雅萍，施丽华，2014.国际物流［M］.北京：清华大学出版社.

史成东，李辉，郭福利，2016.国际物流学［M］.北京：北京理工大学出版社.

张良卫，2015.“一带一路”战略下的国际贸易与国际物流协同分析——以广东省为例［J］.财经科学（7）.

杨长春，2008.我国对外贸易与国际物流关系的实证研究［J］.国际商务（1）.

钱颖一，1995.企业的治理结构改革和融资结构改革［J］.经济研究（1）.

陆庭恩，艾周昌，1990.非洲史教程［M］.上海：华东师范大学出版社.

塞缪尔·亨廷顿，2018.文明的冲突与世界秩序的重建：（修订版）［M］.北京：新华出版社.

马克思，恩格斯，2018.共产党宣言［M］.中共中央马克思恩格斯列宁斯大林著作编译局，译.北京：人民出版社.

赵建吉，茹乐峰，段小微，苗长虹，2019.产业转移的经济地理学研究：进展与展望［J］.经济地理，34（1）.

杨海霞，2020.世界产业大转移的影响：专访国家发展改革委产业所所长黄汉权［J］.中国投资（2）.

保罗·肯尼迪，1989.大国的兴衰［M］.蒋葆英，等，译.北京：中国经济出版社.

艾尔弗雷德·塞耶·马汉，2013.马汉“海权论”三部曲：海权对历史的影响（1660—1783年）［M］.李少彦，董绍峰，徐朵，等，译.北京：海洋出版社.

伊曼纽尔·沃勒斯坦，1998.现代世界体系：第2卷［M］.吕丹，译.北京：高等教育出版社.

高见玄一郎，2004.世界港口史［J］.杨世强，译.中国港口（4）.

帕拉格·康纳著，2016.超级版图：全球供应链、超级城市与新商业文明的崛起［M］.崔传刚，周大昕，译.北京：中信出版社.

艾·塞·马汉，1996.海军战略［M］.蔡鸿干，田常吉，译.北京：商务印书馆.

陈奉林，2012.东方外交与古代西太平洋贸易网的兴衰［J］.世界历史（12）.

赵宗金，王丹梦，2019.从海洋文明的视角看中世纪欧洲海上贸易网络的形成与影响［J］.中国海洋社会学研究（7）.

林肯·佩恩，2017.海洋与文明［M］.陈建军，罗燚英，译.天津：天津人民出版社.

刘景华，2005.大航海时代的西欧造船和航海术［J］.长沙理工大学学报（社会科学版）（11）.

贾大山，2017.西方早期海运强国及其模式［J］.中国船检（9）.

汪鸣，吴文化，樊一江，等，2019.交通大融合［M］.北京：中国计划出版社.

王觉非，2017.欧洲历史大辞典（下）［M］.上海：上海辞书出版社.

保罗·肯尼迪，2014.英国海上主导权的兴衰［M］.沈志雄，译.北京：人民出版社.

人民教育出版社历史室，2006.世界近代现代史：第二版［M］.北京：人民教育出版社.

李国锋，2010.港口业的跨国并购研究［D］.天津：南开大学.

陈其慎，张艳飞，倪善芹，杜雪明，王颖，潘志君，刘宁，2017.日本矿产资源经略强国战略分析［J］.中国矿业（12）.

宁柱，2013.日本海外资源战略的国际政治经济学分析——以煤铁为例［D］.北京：中国社会科学院研究生院.

范盱阳，2017.中国海外经济利益维护问题研究［D］.北京：中共中央党校.

林跃勤，周文，2011.新兴经济体蓝皮书：金砖国家经济社会发展报告（2011）［M］.北京：社会科学文献出版社.

姜跃春，2011.新兴经济体崛起及其对世界经济格局的影响［J］.国际问题研究（11）.

陈鑫，2019."逆全球化"现象：现实形态及其应对逻辑［J］.党政论坛（4）.

赵可金，2018.以人类命运共同体理念引领经济全球化发展［J］.求是（8）.

麦肯锡全球研究院，2013.麦肯锡2019中国报告：中国与世界的经济联系正在悄然变化［EB/OL］.（2020-1-13）［2020-2-26］.https://www.sohu.com/a/366699543_799233.

赵丽娜，2013.区域经济一体化的新发展及中国的战略选择［J］.理论学刊（11）.

宋军，2019.解体与重构：全球供应链变革及其对中国的启示［J］.区域金融研究（12）.

施展，2020.溢出——中国制造业未来史［M］.北京：中信出版集团.

李文斌，2019.工业革命4.0的实质及其影响研究［D］.徐州：中国矿业大学.

全毅，2019.区域贸易协定发展及其对WTO改革的影响［J］.国际贸易,（11）.

王健，巨程晖，2016.互联网时代的全球贸易新格局：普惠贸易趋势［J］.2016（7）.

国家发展改革委，外交部，商务部，2015.推动共建丝绸之路经济带和21世纪海上丝绸之路的愿景与行动［Z］.海南，2015–03–28.

孙松林，2019. 5G时代：经济增长新引擎［M］.北京：中信出版集团股份有限公司.

罗萍，尹震，等，2015. 21世纪海上丝绸之路之国际海运航线发展研究［R］.北京：国家发展改革委综合运输研究所.

孙占鳌，2014.丝绸之路的历史演变（下）［J］.发展（6）.

刘洁，2012.亚欧大陆桥物流通道发展理论和实证研究［D］.北京：北京交通大学.

王先庆，彭雷清，2017.物流革命与物流创新的方向、路径及策略［J］.中国流通经济（7）.

于洋，任彦，周翰博，苑基荣，2020.中欧班列复工率已达90%以上为确保全球物流通道畅通、维护全球供应链稳定发挥重要作用［N］.人民日报，2020–3–22（3）.

王杨堃，2015.中欧班列发展现状、问题及建议［J］.综合运输，37（S1）.

曹霞，周世伟，2012.物流服务模式选择的影响因素研究［J］.铁道运输与经济，34（8）.

吴刚，陈兰芳，郭茜，张仪彬，2017.“一带一路”战略下中欧班列可持续发展对策研究［J］.交通运输工程与信息学报，15（4）.

冯芬玲，马靖淋，2019.“一带一路”背景下中欧班列运输市场秩序与基础设施建设研究——基于系统动力学模型［J］.物流工程与管理，41（4）.

董千里，杨磊，常向华，2016.基于国际中转枢纽港战略理论的中欧班列集成运作研究［J］.科技管理研究（11）.

徐剑华，2019.班轮业未来岁月预期［J］.中国船检（10）.

毛保华，曾玮，李佳杰，2019.一种基于联运产品服务效率的运输收益清算方法［J］.交通运输系统工程与信息，19（3）.

解天荣，王静，2011.交通运输业碳排放量比较研究［J］.综合运输（8）.

曹淑艳，李振欣，2013.跨境电子商务第三方物流模式研究［J］.电子商务（3）.

冀芳，张夏恒，2015.跨境电子商务物流模式创新与发展趋势［J］.中国流通经济（6）.

庞燕，2015.跨境电商环境下国际物流模式研究［J］.中国流通经济（10）.

张燕玲，2018.对创新中欧班列的思考和建议［N］.证券日报，2018-10-1（A03）.

辽宁对外经贸学院课题组，2019.“网上丝绸之路”建设视角下中国与“一带一路”沿线国家跨境电商发展路径选择［J］.大陆桥视野（7）.

外文部分

金森久雄，1988.技術革新と新国際分業——電子工業の発展の衝撃［J］.世界経済評論（6）.

Wang J，Yan R，Hollister K，et al. A historic review of management science research in China［J］. Omega，2008，36（6）：919–932.

Presthus，R. Toward a theory of organizational behavior［J］. Administrative Science Quarterly，1958，3（1）：48–2.

Drucker，P F. Management challenges for the 21st century［M］. New York：Harper Collins，1999.

Greenwood，William T. Future management theory：A comparative evolution to a general theory［J］. Academy of Management Journal，1974，17（3）：503–513.

Li HZ，Wang SY，Xu LD. Management science and operations research in China［J］. European Journal of Operational Research，2000，124（2）：221–223.

James J A. Regional freight model is applied to the planning of regional networks［J］. Journal of Molecular Liquids，2012：123–127.

Oliev. Fisher. The Planning of Regional Logistics［J］. Journal of Melbourne University，2012（10）：2–122.

Erik Sandberg. Logistics collaboration in International Journal of Logistics Management，supply chains：practic vs. theory［J］. 2007，

18（2）：274–293.

Fawcet S E，Stanley L L，Smith S R. Developing a Logistics capability to improve the performance of international operations［J］. Journal of business logistics，2014，18（2）：107–212.

Dong Yang，Liping Jiang，Adolf K.Y. Ng. One Belt one Road，but several routes：A case study of new emerging trade corridors connecting the Far East to Europe［J］. Transportation Research Part A：Policy and Practice，2018（117）：190–204.

Xin Wen，Hoi–Lam Ma，Tsan–Ming Choi，Jiuh–Biing Sheu. Impacts of the Belt and Road Initiative on the China–Europe trading route selections［J］. Transportation Research Part E：Logistics and Transportation Review，2019，122：581–604.

Laijun Zhao，Yue Zhao，Qingmi Hu，Huiyong Li，Johan Stoeter. Evaluation of consolidation center cargo capacity and loctions for China railway express［J］. Transportation Research Part E：Logistics and Transportation Review，2018，117：58–81.

Xiaotong Liu，Kai Zhang，Bokui Chen，Jun Zhou，Lixin Miao. Analysis of logistics service supply chain for the One Belt and One Road initiative of China［J］. Transportation Research Part E：Logistics and Transportation Review，2018，117：23–39.

Yonglei Jiang，Jiuh–Biing Sheu，ZixuanPeng，BinYu. Hinterland patterns of China Railway（CR）express in China under the Belt and Road Initiative：A preliminary analysis［J］. Transportation Research Part E：Logistics and Transportation Review，2018，119：189–201.

Tanmoy Kundu，Jiuh–Biing Sheu. Analyzing the effect of government subsidy on shippers' mode switching behavior in the Belt and Road strategic context [J]. Transportation Research Part E: Logistics and Transportation Review, 2019, 129: 175–202.

Von Bertalanffy, Ludwig. General System Theory: Foundations, Development, Applications [M]. G. Braziller, 1969.

GABUS A, FONTELA E. World problems. An invitation to further thought within the framework of DEMATEL [R]. Geneva: Battelle Geneva Research Centre, 1972.

Von Neumann, John, Morgenstern, Oskar. Theory of games and economic behavior, [electronic resource] [J]. princeton university press princeton n j, 2007, 26 (1–2): 131–141.

Nash J. Equilibrium Point in N–Person Games [J]. Proceedings of the National Academny of Sciences USA, 1950, 36: 48–49.

Nash J. Non–Cooperative Games[J]. Annals of Mathematics (Second Series), 1951, 54 (2): 286–295.

Hayuth Y. Rationalization and Concentrations of U.S. Container port system [J]. The professional Geographer, 1988, 10 (3): 279–288.

George T.Crane, Abia Amawi. The Theoretical Evolution of International Political Economy [M] .Oxford: 2nd Oxford University Press, 1997: 3.

Jeffry A. Friden, David A. Lake. International Political Economy: Perspectives on Global Power and Wealth [M]. 2nd ed. New York: St. Martin's Press, Inc., 1991: 9.

M. C. Webb, S. Krasner. Hegemonic Stability Theory: an empirical assessment [J]. Review of International Studies, 1989, 15.

Peter Katzenstein. Between Power and Plenty [M]. Madison: University of Wisconsin, 1978: 14.

Jacob Viner. The long View and the Short: Study in Economic Theory and Policy [M]. New York: Free Press, 1958.

Robert Keohane. After Hegemony, Cooperation and Discord in the World Political Economy [M]. Princeton: Princeton University Press, 1984.

Paul Baran. The Political Economy of Growth [M]. New York: Monthly Review Press, 1957.

Dudley Seers. Dependency Theory: A Critical Reassessment [M]. London: Frances Pinter, 1991: 43.

Fernando H. Cardoso. Associated-Dependent Development: Theiretical and Political Implications [C] .Afred Stepan. Authoritarian Brazil: Origins, Politics and Future. New Haven: Yale University Press, 1973: 142- 178.

Immanuel Wallerstein. The Modern World-System [M]. New York: Academic Press, 1974.

Christopher Chase-Dunne, Global Formation: Structures of World-System [M]. Cambridge: Blackwell, 1990.

Stephen Gill. Historical Materialism, Gramsci, and International Political Economy [C]. Craig N. Murphy, Roger Tooze. The New International Political Economy. Boulder: Lynne Rienner Publishers, 1991: 53- 54.

Tobert Keohane. Neorealism and Its Critics [M] . New York: Columbia University Press, 1986: 217–239.

Mcnee R. B. Towards a more humanistic economic geography [J] . Tijdschrift Voor Economische en Sociale Geografie, 1960 (51) : 201–206.

Clark I. The Spatial Organization of Multinational Corporations [M] . London: Groom Helm, 1985.

Laulajainen R., Stafford H. Corporate Geography [M] . Dordrecht: Kluwer Academic Publishers, 1995.

Dicken P. Global Shift: the Internationalization of Economic Activity [M] . 2nd ed. New York: Guilford Press, 1992.

Vernon R.International Investment and International Trade in the Product Cycle [J] . Quarterly Journal of Economics, 1966, 80 (2) : 190–207.

Krugman P.. Increasing Returns and Economic Geography [J] . Journal of Political Economy, 1991, 99: 483–499.

Yang Xiaokai, A New Theory of Demand and the Emergence of Intemational Trade from Domestic Trade [J] . Pacific Economic Review, 1996 (1) : 215–17.

Lucas, R.. On the Mechanics of Economic Development [J] . Journal of Monetary Economics, 1988, 22: 3–42.

Young, Allyn A.. Increasing Returns and Economic Progress [J] . Economic Journal, 1928, 38 (152) : 527–542.

Porter ME. The Competitive Advantage [M] . New York: Free

Press, 1985: 25–29.

Albino V., Izzo C., Kühtz S.. Input–output Models for the Analysis of A Local/Global Supply Chain [J]. International Journal of Production Economics, 2002, 78 (2): 119–131.

Levitt T . The Globalization of Markets [J]. Harvard business review, 1983, 61: 92–102.

Wolf, M. The long and painful journey to word disorder [N]. Financial Times, 2017–1–5.

Henry Alfred Kissinger. The Coronavirus Pandemic Will Forever Alter the World Order [N]. Wall Street Journal, 2020–4–6.

USN Seeks Wider Seapower Definition [J]. Jane's Navy International, 2006 (7/8): 11.

Barry M. Gough. Maritime Strategy: The Legacies of Mahan and Corbett as Philosophers of Sea Power [J]. The RUSI Journal, 1988, 133 (4): 55–62.

Romer, P.. Endogenous Technological Change [J]. Journal of Political Economy, 1990, 98: 71–102.

George Modelski and William R. Thompson. Seapower in Global Politics (1494—1993) [C]. University of Washington Press, Seattle, 1988.

United Nations Conference on Trade and Development. Review of Maritime Transport 2019 [R]. New York: United Nations Publications, 2019: 13–14.

Dou Yijie, Zhu Qinghua, Joseph Sarkis. Green multi–tier supply chain management: An enabler investigation [J] . Journal of Purchasing and Supply Management, 2018 (2) : 95–107.

Ren Jingzheng. New energy vehicle in China for sustainable development: Analysis of success factors and strategic implications [J] . Transportation Research Part D: Transport and Environment, 2018 (59) : 268–288.

Li Ying, Shou Yongyi, DING Ronggui, ZHOU Qing. Governing local sourcing practices of overseas projects for the Belt and Road Initiative: A framework and evaluation [J] . Transportation Research Part E: Logistics and Transportation Review, 2019 (126) : 212–226.

Wu Weiwen, LEE Yuting. Developing global managers' competencies using the fuzzy DEMATEL method [J] . Expert Systems with Applications, 2007 (2) : 499–507.

OPRICOVIC SERAFIM, GWO–HSHIUNG TZENG. Defuzzification within a multicriteria decision model [J] . International Journal of Uncertainty, Fuzziness and Knowledge–Based Systems, 2003 (5) : 635–652.

Zhou Quan, Huang Weilai, Zhang Ying. Identifying critical success factors in emergency management using a fuzzy DEMATEL method [J]. Safety Science, 2011 (2) : 243–252.

Xia Xiqiang, Kannan Govindan, ZHU Qinghua. Analyzing internal barriers for automotive parts remanufacturers in China using grey–DEMATEL approach[J]. Journal of Cleaner Production, 2015 (87): 811–825.

JANIC M. An assessment of the performance of the European long intermoda freight trains（LIFTS）[J]. Transportation P}esearch Part A：Policy and Practice，2008，42（10）：1326–1339.

FAHIMNIA B，REISI M，PAKSOY T，et al. Theimplications of carbon pricing in Australia：Anindustrial logistics planning case study [J]. Transportation Research Part D：Transport and Environment，2013（18）：78–85.

LIN B，LIU C，WANG H，et al. Modeling the railway network design problem：A novel approach toconsidering carbon emissions reduction [J]. Transportation Research Yart D：Transport and Environment，2017（56）：95–109.

NORDHAUS WILLIAM D. Revisiting the social cost of canbon [J]. Proceedings of the National Academy of Sciences，2017，114（7）：1518–1523.

Laijun Zhao，Yue Zhao，Qingmi Hu，Huiyong Li，Johan Stoeter. Evaluation of consolidation center cargo capacity and loctions for China railway express [J]. Transportation Research Part E：Logistics and Transportation Review，2018（117）：58–81.

XIAO T，QI X. A two–stage supply chain with demand sensitive to price，delivery time，and reliability of delivery [J]. Annals of Operations Research，2016，241（1–2）：475–496.

BANKER R D，KHOSLA I，SINHA K K. Quality and competition [J]. Management Science，1998，44（9）：1179–1192.

附　录

正文中专有名词简称、译文及缩写

全称	简称	英文	缩写
世界贸易组织	世贸组织	World Trade Organization	WTO
国际货币基金组织	—	International Monetary Fund	IMF
经济合作与发展组织	经合组织	Organization for Economic Co-operation and Development	OECD
美国供应链管理专业协会	—	Council of Supply Chain Management Professionals	CSCMP
欧洲物流协会	—	European Logistics Association	ELA
欧洲经济合作组织	—	Organization for European Economic Cooperation	OEEC
经济互助委员会	—	The Council for Mutual Economic Assistance	COMECON
亚洲四小龙	—	Newly Industrial Economics	NIE
欧洲联盟	欧盟	European Union	EU
北美自由贸易区	—	North American Free Trade Area	NAFTA

续表

全称	简称	英文	缩写
美国－墨西哥－加拿大协定	—	United States-Mexico-Canada Agreement	USMCA
中国－东盟自由贸易区	—	China and ASEAN Free Trade Area	CAFTA
亚洲太平洋经济合作组织	亚太经合组织	Asia-Pacific Economic Cooperation	APEC
海湾阿拉伯国家合作委员会	海合会	Gulf Cooperation Council	GCC
联合国	—	United Nations	UN
国际复兴开发银行/世界银行	世行	International Bank for Reconstruction and Development/ World Bank	IBRD / WB
关税及贸易总协定	关贸总协定	General Agreement on Tariffs and Trade	GATT
国际法协会	—	International Law Association	ILA
统一提单若干法律规定的国际公约	海牙规则	International Convention for the Unification of Certain Rules of Law Relating to Bills of Lading/Hague Rules	H.R.
国际海事委员会	—	Comité Maritime International	CMI
关于修订统一提单若干法律规定的国际公约的协定书	海牙－维斯比规则	Protocol to Amend the International Convention for the Unification of Certain Rules of Law Relating to Bills of Lading	—
1978年联合国海上货物运输公约	汉堡规则	United Nations Convention on the Carriage of GoodsbySea, 1978	—

续表

全称	简称	英文	缩写
联合国全程或部分海上国际货物运输合同公约	鹿特丹规则	UN Convention on Contract for the International Carriage of Goods Wholly or Partly by Sea	—
关于统一国际航空运输某些规则的公约	华沙公约	Convention for the Unification of Certain Rules Relating to International Carriage by Air/ Warsaw Convention	—
国际民用航空公约	芝加哥公约	Chicago Convention on International Civil Aviation	—
统一国际航空运输某些规则的公约	蒙特利尔公约	Convention for the Unification of Certain Rules for International Carriage by Air	—
信息物理系统	—	Cyber-Physical System	CPS
跨太平洋伙伴关系协定	—	Trans-Pacific Partnership Agreement	TPP
跨太平洋战略经济伙伴关系协定	—	Trans-Pacific Strategic Economic Partnership Agreement	TPSEP/P4
全面且先进的TPP	—	Comprehensive Progressive Trans-Pacific Partnership	CPTPP
区域全面经济伙伴关系协定	—	Regional Comprehensive Economic Partnership	RCEP
跨大西洋贸易与投资伙伴关系协定	—	Transatlantic Trade and Investment Partnership	TTIP
日本－欧盟经济伙伴关系协定	—	Economic Partnership Agreement	EPA

续表

全称	简称	英文	缩写
国际服务贸易协定	—	Trade in Service Agreement	TISA
世界电子贸易平台	—	Electronic World Trade Platform	eWTP
联合国贸易和发展会议	—	United Nations Conference on Trade and Development	UNCTAD
“丝绸之路经济带”和“21世纪海上丝绸之路”	“一带一路”	The Belt and Road	B&R
亚洲基础设施银行	亚投行	Asian Infrastructure Investment Bank	AIIB
丝路基金	—	Silk Road Fund	—
国际铁路货物运送公约	国际货约	Convention Concerning International Carriage of Goods by Rail	CIM
国际铁路货物联运协定	国际货协	Agreement on International Railroad through Transport of Goods	SMGS
国际铁路运输政府间组织	铁联	International Organization for International Carriage by Rail	OTIF
铁路合作组织	铁组	Organization for Cooperation of Railways	OSJD
中欧班列	—	CHINA RAILWAY Express	CRexpress
国际商会	—	International Chamber of Commerce	ICC
国际贸易术语解释通则	—	International Rules for the Interpretation of Trade Terms	INCOTERMS

续表

全称	简称	英文	缩写
托收统一规则	—	ICC Uniform Rules for Collections/ ICC Publication No. 522	—
联合运输单证统一规则	—	Uniform Rules for a Combined Transportation Document	—
跟单信用证统一惯例	—	Uniform customs and Practice for Documentary Credits	—

后　记

书稿付梓，终于到了致谢时分。首先感谢本书的读者，无论是仔细研读还是随手翻过，是不以为然还是稍有共鸣，都感谢您能读到这里，笔者学识尚浅，书中难免错漏、不当之处，期待您的批评、指教与探讨。

这本书是在我多年交通运输与物流研究工作积累的基础上，结合博士学业所得倾力完成。回想当年走出校门又重返校园攻读博士，为工作殚精竭虑，为学业孜孜以求，而来数年，白云苍狗，经历了无数艰辛不易，也收获了累累硕果。一路走来，老师、同学、同事、家人、朋友给了我太多指导、帮助、理解与支持。往事如昨，历历在目，万般感念，涌上心头。

完成硕士学业走上工作岗位后，我与导师王庆云教授相识在工作之中。王庆云教授对我国交通运输事业的满腔热情深深触动了我，他渊博的知识、严谨的治学态度、执着的专业精神和丰富的实践经验，为我提高工作业务能力提供了巨大帮助，也让我下定决心在交通运输研究领域继续深入探索。师从王庆云教授之后，在他的悉心指导下，我刻苦钻研，努力求索，终于完成学业。博士论文和书稿的选题、构思、写作、定稿，每一个环节都倾注了导师辛勤汗水，每一个细节都凝结着导师点点心血。求学期间，导师的叮嘱、教诲、责备、鼓励，犹在耳畔。人生路漫长，师恩永难忘。

在我完成博士学业的过程中，来自母校北京交通大学的关忠良教授、赵坚教授、荣朝和教授、毛保华教授、李伊松教授，北京联合大学的李学伟教授，北京航空航天大学的张宁教授，北京工业大学的宗刚教授，国务院发展研究中心的魏继刚教授对我给予了精心指导，用丰硕的学术思想和深厚的研究积累，为我提出中肯而宝贵的意见，对本书成稿发挥了至关重要的作用，在此表示由衷的感谢。

同门张秀媛博士、任英博士、孙强博士、葛晓鹏博士、徐忠华博士、洪炜博士，在学习期间和书稿修订过程中给予我无私帮助。漫漫求学路，我们砥砺奋进，携手同行，相互学习，彼此鼓励，结下深厚友谊。希望我们在今后的人生道路上，继续相助相扶，各有所成。

我在求学和日常工作中收获了领导、同事最大的支持与帮助，郭小碚研究员、汪鸣研究员、吴文化研究员、冯浩研究员、樊一江研究员、李大伟研究员、程世东研究员、王彦庆研究员、陆成云副研究员、贺兴东副研究员、朱俊峰副研究员、刘文华博士、刘伟博士、马艺菲硕士、李卫波博士、卢越博士等，有的在业务领域对我悉心指导，有的替我分担大量工作任务，让我在学业中投入更多精力，有的对论文写作提出建设性意见，也有的为书稿内容核对、文字校正、英文翻译付出辛勤劳动，同样深表感谢。

中央财经大学的高咏玲教授，我们相识时间不算长，她总是鞭策我加紧学业，还用专业知识为我提供指导，从初识到挚友，我们的友谊润物细无声。北京交通大学张帅博士对本书内容提出颇有见地的修改建议，给了我很多启迪和思考，轻言一声“谢谢”，也希望他早日学业有成。王为先生是位“老铁路人”，为中国的铁路事业奉献半生，每次与我聊起国际铁路联运如数家珍，感谢他对我的点拨指导及为本书撰写提供的翔实资料。

最后，感谢我的家人朋友。感谢父母对我的抚育与教导，从我牙牙学语、蹒跚学步，到寒窗苦读、立业成家，他们付出太多爱与辛劳，毫无保留，无怨无求，寸草之心何以为报，唯愿他们身体康健，安享一生。感谢我的爱人，给予我最大的理解与宽容，竭尽所能为我分担工作、学业与精神上的压力，无论何时都是我最坚强的后盾。感谢我的姐姐，儿时的陪伴，长大后的依靠，同一屋檐下的争吵与欢笑，都镌刻在我一生最美好的时光中。感谢我可爱的小外甥，一声“小姨”、一颗糖果，便化解了我书稿写作中所有的苦闷与焦躁。感谢我的同学与挚友，相识多年，那些静静的倾听、默默的支持，我都记在心上，遇到你们，何其有幸。

学海无涯，道阻且长，收获的关爱、帮助不能尽述，在此一并感谢。除此之外，我还想真诚感谢那些被口罩遮住面容的白衣天使，在那个不平凡的2020年，他们用无畏、坚守与大爱换来万家灯火、岁月静好，让我在这个安宁祥和的国家、这座流光皎洁的城市伏案静思，笔耕不辍。山河无恙，致敬英雄！

2021年4月9日

于北京木樨地